Diogenes Taschenbuch 24031

W0397536

Martin Suter

Das Bonus-Geheimnis

und andere Geschichten aus der Business Class

Diogenes

Die Erstausgabe
erschien 2009 im Diogenes Verlag
Sämtliche Kolumnen wurden
im Zeitraum Oktober 2005 bis Februar 2007
zuerst veröffentlicht im *Magazin* des
Tages-Anzeigers, Zürich (bzw. *Tamedia*)
Umschlagfoto von Herb Allgaier

Veröffentlicht als Diogenes Taschenbuch, 2010

www.diogenes.ch
80/11/8/2
ISBN 978 3 257 24031 3

Inhalt

Lüthis Kritikfähigkeit

Ach, Herr Lüthi, Moment noch.«

»Ja?«

»Wo Sie schon einmal hier sind.«

»Ja?«

»Nehmen Sie doch noch einmal kurz Platz.«

»Danke.«

»Hm. Kaffee? Möchten Sie einen Kaffee?«

»Nein, danke.«

»Oder einen Tee? Lieber einen Tee?«

»Nein, aber vielleicht ein Wasser. Wenn das möglich ist.«

»Mit oder ohne Kohlensäure?«

»Lieber ohne.«

»Ich nehme jetzt auch immer ohne. Soll gesünder sein. Obwohl, manchmal, wenn man so richtig Durst hat...«

»Stimmt.«

»Frau Ackeret, bitte bringen Sie uns zwei Mineralwasser ohne Kohlensäure. – Moment, ich frage. – Kalt oder Zimmertemperatur?«

»Zimmertemperatur, bitte.«

»Auch Zimmertemperatur, sagt er. Danke. Tja, Herr Lüthi... ähm... das Problem ist... ähm... kalte Getränke schockieren den Magen. Der muss das zuerst aufwärmen, bis er es weiterverarbeiten kann. Früher konnte es mir nicht kalt genug sein. Aber heute... Außer Bier. Ich bin zwar nicht der typische Biertrinker, aber ab und zu ein Bierchen. Aber dann: kalt. Nicht wahr?«

»Doch. Das geht mir auch so. Dann lieber kein Bier als lauwarm.«

»Genau. Dann lieber keins. Ähm, wie gesagt: Wo Sie nun schon einmal hier sind, können wir die andere Sache auch gerade anschneiden, dachte ich. Geht in einem Aufwasch. Anstatt extra einen Termin auszumachen. Das würde die Sache übergewichten. Und meine Agenda... Ich nehme an, Ihre sieht auch nicht viel besser aus.«

»Nein, über Arbeitsmangel kann ich mich nicht beschweren, hehe.«

»Geht mir auch so. Über Arbeitsmangel nicht. Aber sonst... Herein! Danke, Frau Ackeret, ja, einfach hinstellen, wir schenken schon selber ein, danke. – Gesundheit, Herr Lüthi, im wahrsten Sinne. Ein Bierchen wäre uns zwar lieber, im Moment, nicht wahr?«

»Ja. Obwohl, um diese Zeit...«

»Klar, ein bisschen früh, da haben Sie schon recht. Ich dachte auch nur zur Auflockerung. Mehr im übertragenen Sinn, Sie verstehen. Ein Scherz.«

»Klar. Eine Bieridee, sozusagen.«

»Genau, haha, eine Bieridee, der ist gut, ich freue mich, dass Sie es mit Humor sehen. Eine Bieridee, sehr gut... Tja... Wo waren wir stehengeblieben? Ich meine: vor der Bieridee, hehe.«

»Bei unseren Agenden.«

»Agenden?«

»Dass wir uns beide nicht über Arbeitsmangel beschweren können.«

»Genau! Beschweren können. Das war das Stichwort. Beschweren. Danke.«

»War mir ein Vergnügen.«

»Vergnügen. Das gefällt mir an Ihnen, Herr Lüthi. Das Optimistische, Lebensbejahende. Vergnügen. Trotz allem. Ich kenne nicht viele, die so reagieren würden. Chapeau, Herr Lüthi, Chapeau.«

»Tja…«

»Ja, dann… Falls von Ihrer Seite nichts mehr vorliegt… Sie finden ja den Weg. – Ach, und sagen Sie bitte Frau Ackeret, sie solle nachher schnell bei mir reinschauen… Ja, danke, Ihnen auch.«

»Herein!«

»Wie hat er es aufgenommen?«

»Ich muss sagen: Erstaunlich gefasst.«

Frau Holle

Stahel ist nicht überrascht über die Anfrage. Im Gegenteil: Er hat sich schon lange gewundert, dass das Fernsehen noch nicht auf die ZATAG aufmerksam geworden ist, sie ist immerhin eines der innovativeren Unternehmen des regionalen Lebensmittelsektors. Kommt dazu, dass er bei der Einführung von Zata Light einen größeren Betrag für Fernsehwerbung bewilligt hat. Höchste Zeit, dass wenigstens ein bisschen davon zurückkam.

Für den Auftritt würde er den neuen dunkelbraunen (schokoladenbraun nennt ihn Veronika) Anzug mit einem hellblauen Buttondown und der roten Krawatte mit den Motorbötchen tragen.

Als Drehort wird er die neue Abfüllanlage wählen. Vor der GRA 217C stehen und ein paar Kernsätze zur Philosophie der ZATAG äußern, während hinter ihm auf dem Laufband die frisch abgefüllten Becher Zata Light vorbeiziehen. Danach wird er das Fernsehteam durch den Betrieb führen und darauf achten, dass er nicht von hinten gefilmt wird.

Stahel ist es gewohnt, dass seine Anweisungen befolgt werden, und reagiert etwas gereizt, als ihm der Fernsehjournalist am Drehtag erklärt, dass kein ausführliches Porträt der ZATAG und ihres Chefs geplant sei, sondern nur ein kurzes Statement im Rahmen eines Beitrags zum Produktionsstandort, bei dem auch andere Manager der Region zu Wort kommen. Erst als die Fernsehleute ganz unverblümt damit drohen, auf Stahels Statement ganz zu verzichten, lenkt er ein. Immerhin setzt er als Drehort die GRA 217C durch.

Als der Produktionsleiter den Fernsehleuten und Stahel am Eingang die weißen Übermäntel und die Einweghäubchen aushändigt, wird ihm die hygienische Problematik des gewählten Drehorts bewusst. Einen Moment lang ist er versucht, den Dreh ins kleine Sitzungszimmer mit dem von Schülern der Gewerbeschule künstlerisch verfremdeten ZATA-Schriftzug zu verlegen. Aber im Hinblick auf die Werbewirksamkeit der hinter ihm auf dem Laufband vorbeiziehenden frisch abgefüllten Becher Zata Light und auf die günstigen Auswirkungen, die eine Kopfbedeckung auf die gelichteten Stellen seines Haarwuchses hat, lässt er sich von seiner Sekretärin Frau Meierhofer in Übermantel und Hygienehäubchen helfen.

Das Statement ist nach dem achten Take im Kasten, und das Foto, das Frau Meierhofer mit ihrer Digitalkamera schießt, bestätigt Stahel, dass ihm das Outfit etwas sympathisch Uneitles, Zupackendes verleiht.

Aber als er das Foto am Abend Veronika zeigt, findet sie: »Du siehst aus wie Frau Holle.«

In dieser Nacht macht Stahel kein Auge zu. Wiegt der Werbeeffekt für Zata Light und die ZATAG die Schmach eines Fernsehauftrittes als Frau Holle auf? Geht seine Verantwortung dem Unternehmen gegenüber so weit, dass er sich im Dienst der Verkaufsförderung vor Millionen Zuschauern lächerlich machen muss?

Am Morgen lässt er sich mit dem zuständigen Redakteur verbinden und verlangt eine Wiederholung des Drehs vor anderem Hintergrund. Als dieser nicht darauf eingeht, zieht Stahel sein Statement zurück.

Der Beitrag wird dann auch mit gewichtigen Statements sämtlicher Konkurrenten der ZATAG ausgestrahlt. Stahel kommt nicht vor. Außer in der Ankündigung der größten Programmzeitschrift.

Das Bild wurde vom Fernsehen zur Verfügung gestellt.

Erni und die Humorkultur

Erni verfolgt sehr gewissenhaft die Entwicklungen auf dem Gebiet der Managementtechniken, denn wer sich nicht weiterbildet, ist weg vom Fenster. In diesem Zusammenhang stößt er auf einen höchst interessanten Ansatz: Humor als Führungsinstrument. Nicht Humor im Sinne von: Ab und zu ein guter Spruch lockert die Stimmung und dient dem Betriebsklima. Sondern Humor im Sinne von Kompetenzfaktor.

Erni ist von Haus aus nicht ein ausgesprochenes Humortalent. Nicht, dass er humorlos wäre. Er gehört nur zu den Menschen, die manchmal etwas Mühe haben, ernst und lustig zu unterscheiden. Er hat es gerne eindeutig ernst oder eindeutig lustig, der fliegende Wechsel zwischen beiden ist nicht so seine Sache. Das wirkt dann manchmal so, als hätte er eine lange Leitung. Was natürlich überhaupt nicht zutrifft.

Deswegen kommt seinem Charakter dieser Ansatz entgegen. Humor als ernsthafter Bestandteil des Unternehmensleitbilds ist etwas, was er sich zutraut.

Anders verhält es sich mit dem Witz. Wenn man den Humor als die Fähigkeit definiert, Spaß zu verstehen, dann ist der Witz vielleicht die, Spaß zu machen. Und diese Fähigkeit ist Erni nun nicht gerade angeboren. Aber er sagt sich, dass ihm auch die Fähigkeit, vernetzt zu denken und lösungsorientiert zu planen, nicht in die Wiege gelegt wurde. Er hat sich im Laufe seiner Karriere so viele Eigenschaften angeeignet, da wäre es doch gelacht, wenn ihm das ausgerechnet in humorkultureller Hinsicht nicht gelingen sollte. In jedem von uns steckt ein Clown, schreibt der Verfasser des Fachartikels, man muss ihn nur entdecken.

Der Clown in Erni hat sich gut versteckt. Vor dem kleinen Spiegel in der Tür seines USM-Schranks im Büro gibt er sich jedenfalls nicht zu erkennen. Und auch Frau Knaus reagiert auf sein »Jupeidi« mit einem mechanischen »Jupeida«, als er kurz darauf durch sein Vorzimmer stürmt.

Aber am Abend beim Zähneputzen vor dem Badezimmerspiegel hat er das Gefühl, einen kurzen Blick auf den Clown in sich zu erhaschen. Der ernste Blick über dem blendend weißen Schaumgrinsen sieht irgendwie komisch aus, und auch ein wenig tragisch. Wie bei einem richtigen Clown.

Möglich, dass der gestreifte Pyjama diesen Eindruck noch etwas verstärkt. Rote und gelbe Längsstreifen auf blassblauem Grund. Eigentlich ein klassischer Pyjama, aber mit kurzen Ärmeln. Und – wenn er ein paar Schritte zurückgeht, deutlich zu erkennen – auch mit kurzen Hosen. Ein Sommerpyjama im Spätherbst! An sich schon nicht unkomisch. Und dass es ein L ist statt eines XL, betont das Humorvolle des Ganzen noch. Verleiht ihm etwas geradezu Grockhaftes.

Doch, doch, jetzt sieht er ihn, den Clown in Erni. Er muss ein bisschen schmunzeln, dass der ihm so lange hat verborgen bleiben können. Er sucht auf Cornelias Seite der Spiegelablage nach einem Lippenstift und – schminkt sich die Nase rot!

Jetzt steht er vor ihm, der Marcel Marceau des Managements, der Dimitri der Führungselite.

Er lacht laut und lange. Dann geht er, um die Wirkung auf Drittpersonen zu testen, Adrian (6) eine gute Nacht wünschen.

Das Kind weint bis in die frühen Morgenstunden.

Pfister präsentiert

Wenn Pfister noch rauchen würde, würde er sich jetzt eine anstecken. Er steht in der Kaffeeküche der Direktionsetage und stellt sich vor, was im großen Sitzungszimmer mit seiner Installation passiert: Jemand stößt versehentlich an seinen Beamer, und während er ihn geraderückt, verstellt er die Schärfe und hinterlässt Mayonnaisespuren von seinem Lunchbrötchen auf der Linse. Jemand stolpert über das Kabel, weil das Klebeband, mit dem er es gesichert hat, auf dem Teppichboden nicht hält, und reißt den Beamer zu Boden.

Aber als die Assistentin von Dr. Lauer ihn ins Sitzungszimmer führt, scheint alles in Ordnung. Die Teilnehmer des Meetings verstummen. Nur der CEO, Dr. Lauer, spricht noch mit Dr. Wirz, dem Linienvorgesetzten von Pfisters Linienvorgesetztem.

Jetzt hat auch Dr. Lauer ihn bemerkt, schaut ihn über den Rand seiner Halbbrille an und sagt: »Nun, denn, Herr …«, er wirft einen Blick auf die Traktandenliste, »… Pfister, legen Sie los.«

Das ist er, der große Moment, auf den Pfister sich die letzten vier Wochen so minuziös vorbereitet hat: seine Präsentation vor dem Topmanagement. Ein kurzer Herzaussetzer, dann geht er »flott«, wie er es gelernt hat, zum Beamer, schaltet ihn ein und klappt seinen Laptop auf.

Aber er beginnt *nicht* mit der Präsentation. Er nimmt

Kontakt auf mit dem Publikum. Er versammelt die Blicke auf sich. Hier steht der Coming Man des Hauses und bittet um – nein: verlangt die verdiente Aufmerksamkeit der Unternehmensführung für das, was er vorzubringen hat.

Es dauert ein paar quälende Sekunden, bis er die volle Aufmerksamkeit besitzt, und er hängt noch ein paar dran. Erst dann begrüßt er die Runde und lässt nahtlos sein Purpose Statement folgen. Was will ich mit dieser Präsentation? Was ist das Lernziel? Wo stehen wir, und wo wollen wir hin?

Diesen Einstieg fokussiert er voll auf Dr. Lauer und Dr. Wirz, weil man mit Purpose Statements bei der obersten Führungsebene am meisten Pluspunkte erzielt. Die nachfolgende Agenda, eine Art Szenario der bevorstehenden Präsentation, richtet er an die gesamte Runde. Dann legt er los.

Er hat die ganze Präsentation farblich auf Anzug und Krawatte abgestimmt. Viel Blau, viele Goldtöne, kein Grün, Rot nur äußerst sparsam. Er verzichtet absichtlich auf einen Laserpointer und deutet lediglich mit seinem Mont Blanc auf die Punkte, die er besonders hervorheben will. Das gibt ihm die Möglichkeit, immer wieder vor die Leinwand zu treten und in den Farbstrahl des Beamers zu tauchen. Wie zufällig werden Schlagworte wie »future«, »challenge« und »success« auf seinen Rücken oder auf die weiße Hemdbrust projiziert.

Pfister spürt, wie er sein Publikum in den Bann zieht. Wie er mit seiner Präsentation eins wird. Wie er mit jeder Folie immer untrennbarer mit der Lösung verbunden wird. Er *ist* die Lösung.

Nach der letzten Folie ist es einen bangen Moment still.

Dann beginnt Dr. Wirz zu klatschen, und der Rest der Runde stimmt ein.

Pfister verbeugt sich, klappt seinen Laptop zu und verlässt unter Applaus den Raum. Draußen rammt er die Faust in die Luft und stößt einen lautlosen Triumphschrei aus.

Drinnen beugt sich Dr. Lauer zu Dr. Wirz und raunt: »Haben Sie das verstanden?«

»Nein«, antwortet Dr. Wirz, »aber es war super präsentiert.«

Weders stilles Qi Gong

Weder steht mit geschlossenen Augen in Socken im Büro. Aus der Micro-Stereoanlage klingt leise meditative Musik. Er hat das Jackett ausgezogen und die Krawatte gelockert und entspannt die Stelle zwischen den Augenbrauen nach vorn, bis eine Empfindung von Weite und Helligkeit in seiner Stirn entsteht. Danach geht er zur zweiten vorbereitenden Übung. Er lässt kurz fernste Geräusche ins Ohr eindringen, um ein Gefühl von Ruhe und Raum entstehen zu lassen.

Das Fernste ist das Klicken der Tastatur von Frau Zehnder, die im Vorzimmer darüber wacht, dass er nicht gestört wird. Er lauscht dem Klicken so lange, bis sein Atem leicht, lang, gleichmäßig und tief wird.

Jetzt lässt er das Lächeln entstehen. Er lässt seine Mundwinkel leicht nach oben wandern und beobachtet mit seinem inneren Auge, wie es sich im Gesicht ausbreitet. Warm, ruhig und hell stellt sich ein Gefühl sanfter, freundlicher Heiterkeit ein.

Er lächelt aus den Augen. Er lächelt aus dem Scheitel. Er lächelt aus der Brust.

Das sanfte, warme Gefühl, das durch das Lächeln ausgelöst wird, breitet sich im ganzen Körper aus bis in die Hände und Füße. Weder würde sich gerne einmal in einem großen Spiegel sehen als diese Verkörperung eines einzigen milden Lächelns.

Jetzt ist er bereit für die Stehübung: Er beginnt sich zu verwurzeln. Von seinen schulterbreit auseinandergestellten Füßen wachsen dicke Wurzeln durch den Spannteppich, den Fußboden, das Büro von Wüthrich, Finanz, und weiter durch das Marketing, die Disposition, die Administration, den Empfang, das Archiv und die zwei Stockwerke der Tiefgarage. Sie finden Halt in der kühlen, lehmigen Erde tief unter dem Grundwasserspiegel.

Er zieht das Kinn ein wenig an und dehnt den Nacken. Sein Scheitelpunkt hebt jetzt seinen Kopf hinauf. Hinauf durchs große Sitzungszimmer, hinauf durch die Dachterrasse, auf der an schönen Sommertagen der Unternehmensleitung zuweilen ein kalter Imbiss serviert wird, hinauf durch die Hochnebeldecke, hinauf durch die Ozonschicht. Er verankert sich fest im Weltall.

Das ist Weders Lieblingsstelle bei dieser Übung. Dieses Heranwachsen zu seiner wahren inneren Größe. Er weitet die Brust, lockert die Schultern, drückt den Kreuzbereich leicht nach hinten und zieht den Dammpunkt etwas an.

Er geht in die Knie, als setze er sich auf einen imaginären Hocker, und hebt die Arme auf Brusthöhe in einer Geste des Umarmens. Langsam gewinnt er das Gefühl, als umarme er einen Ballon. Und dann wird nach und nach aus dem Ballon der Erdball.

So steht Weder etwa zwanzig Minuten auf dem kastanienbraunen Wollteppich seines Büros und umarmt schweigend den Erdball zu Harfe und Klangschale.

Dann löst er sich aus seiner Verankerung im Weltall und aus seiner Verwurzelung im Erdinnern, richtet sich auf und sammelt das Qi im unteren Dantian.

Erst jetzt öffnet er die Augen, reibt die Handflächen gegeneinander, bis sie warm werden, und massiert die Meridianpunkte des Kopfes. Zum Abschluss klopft er Arme und Beine von oben nach unten ab, zieht Schuhe, Krawatte und Jackett wieder an und schaltet die Musik ab. Das Lächeln behält er auf.

Derart aufgebaut macht er sich an den Abbau einiger Personalpositionen.

Kölliker im Herbst

Wie immer bei zweifelhafter Witterung nimmt Kölliker den Touareg von Eveline für die Fahrt zum Fitness-Parcours. Sie braucht ihn noch nicht um sechs Uhr früh, und jetzt, wo das Herbstlaub fällt, kann der Vierradantrieb nichts schaden.

Die Straßen sind leer wie nach der nuklearen Katastrophe.

Kölliker erschrickt über das Bild. Keine Ahnung, wie das in seiner sonst nüchternen Phantasiewelt hatte entstehen können. Er steht – im Gegensatz zu seiner fünfzehnjährigen Tochter Linda – der Kernenergie aufgeschlossen gegenüber.

Er schaltet die Anlage ein. Aus den Boxen schluchzt eine heisere Männerstimme einen verzweifelten Flamenco. Eine der CDs, die Eveline als Erinnerung an das gemeinsame verlängerte Wochenende in Sevilla gekauft hat, das er seit zwei Jahren verschiebt.

Er drückt auf »Radio«. Eine freudlose Frauenstimme kündigt das Nonett in Es-Dur op. 139 für Bläser und Streicher von Joseph Gabriel Rheinberger an. Kölliker schaltet die Anlage aus.

Dunkle Vorgärten voller kahler Birken säumen die nass glänzende Straße. Es regnet nicht, aber die Herbstluft ist so feucht, dass er den Scheibenwischer in der Intervallposition laufen lassen muss.

Die Häuser sehen aus wie unbewohnt. Nur selten sieht Kölliker Licht hinter einem milchverglasten Badezimmerfenster. Noch ein einsamer, verantwortungsbewusster Frühaufsteher, denkt er.

Der Parkplatz des Fitness-Parcours ist leer. Das Herbstlaub verdeckt die Markierungen. Kölliker parkt nach Gefühl ein.

Er stellt den Motor ab und schaltet die Scheinwerfer aus. Nur noch das trübe Licht der letzten Straßenlaterne vor der Naherholungszone. Er streift sich das Elastikband der Kopflaterne über die Stirn, steigt aus und fällt in einen leichten Aufwärmlaufschritt. Der weiße Halogenkegel tanzt vor ihm über das glitschige Laub.

Es ist, als seien seine Pumas aus Blei. Jeder Schritt kostet ihn Mühe. Ist er krank?

Beim Grillplatz »Buchfink«, dort, wo er normalerweise einen Zahn zulegt, schaltet er eine Verschnaufpause ein. Er wischt eine Stelle auf der Bank aus einem halbierten Baumstamm mit dem Ärmel halbwegs trocken und setzt sich.

Nur sein langsam sich beruhigender Atem und das eintönige Tropfen des Wassers, das von den schweren Tannenästen fällt. Und zu seinen Füßen das tote Buchenlaub, eben noch Knospe, eben noch sonnendurchglitzertes Blätterdach – und jetzt?

Plötzlich erkennt er die Symptome wieder. Er ist nicht krank. Es ist dieser unausweichliche Kreislauf, dieses ständige Werden und Vergehen, das Kölliker zu schaffen macht. Immer im November passiert es ihm, dass sich der sorgfältig verdrängte Gedanke an die Endlichkeit von hinten heranschleicht und für eine Weile nicht mehr abzuschütteln ist.

Alle Versuche sind zwecklos, das weiß er aus Erfahrung. Er muss sich ihm hingeben, bis er von sich aus wieder verfliegt.

Kölliker rafft sich auf. Aber anstatt im Laufschritt die Strecke wieder in Angriff zu nehmen, trottet er schwermütig zum Parkplatz zurück, neben, hinter und in ihm der Gedanke an die Sterblichkeit selbst eines Kölliker.

Eines Tages, denkt Kölliker, wird er nicht mehr sein. Und seine Augen füllen sich mit Tränen des Mitleids.

Nicht mit sich selbst. Mit der KELTRAG und ihren Mitarbeitern, die dann ohne ihn auskommen werden müssen.

Loyalitätsbedenken

Seit bald vierzehn Jahren ist Welti nun bei der Firma. Zehn Jahre länger als Gantner, sein CEO. Er ist eine Institution, das dienstälteste Mitglied der oberen Führungsebene. Alle andern, leider auch die über ihm, sind später eingestellt worden. Er hat zähneknirschend akzeptieren müssen, dass ihm externe Kandidaten zur Seite gestellt und vor die Nase gesetzt wurden, aber er hat damals ein gewisses Verständnis dafür aufgebracht. Wenn er in Gantners Situation gewesen wäre – eine Option, die er inzwischen ausschließt –, hätte er sich auch lieber mit eigenen Leuten umgeben. So gesehen spricht die Tatsache, dass er immer noch dabei ist, umso mehr für Welti. Er ist nun einmal der fast letzte Link zwischen der Vergangenheit und der Gegenwart des Ladens. Was ihn, wie er seiner Frau gegenüber immer wieder betont, praktisch unersetzlich macht.

Es war Welti, der Gantner bei seinem Eintritt mit den Gepflogenheiten vertraut gemacht, ihn behutsam in die Unternehmenskultur eingeweiht und vor den Fettnäpfchen bewahrt hatte. Wenn er sich manchmal fragt, weshalb er in der Ära Gantner trotzdem auf seiner Position in der dritten Führungsebene klebengeblieben ist, kommt er immer wieder zum gleichen Schluss: Man braucht ihn in dieser Scharnierposition zwischen Führung und Belegschaft.

Welti ist mit einigen Abstrichen ganz zufrieden mit seiner

Situation, als ihn der Anruf eines gewissen Strehl erreicht. Der Mann gibt sich als Personalberater zu erkennen und erklärt ihm ohne Umschweife, worum es geht: Ein ungenannter Auftraggeber aus einer verwandten Branche hat ihn gebeten, ihm bei der Besetzung einer Führungsposition behilflich zu sein. Und da sei Weltis Name gefallen.

»Mein Name?«, stößt Welti ungläubig aus. Vielleicht klingt es etwas erfreut. Nicht über das unanständige Angebot, sondern darüber, dass er offenbar in den Notizbüchern der Headhunter vorkommt.

Das ist auch der Grund, weshalb er es nicht rundweg ablehnt, sich die Details des Angebots bei einem persönlichen Gespräch überhaupt anzuhören, sondern sich zwei Tage Bedenkzeit erbittet.

In diesen zwei Tagen macht Welti praktisch kein Auge zu. Bis tief in die Nacht erörtert er mit seiner Frau die Frage, und als sie endlich neben ihm eingeschlafen ist, wälzt er das Problem alleine weiter. Darf er nach all den Jahren das in ihn gesetzte Vertrauen dadurch missbrauchen, dass er heimlich auf ein unanständiges Angebot der Konkurrenz eingeht, und sei es auch nur zum Schein? Erst in den frühen Morgenstunden des dritten Tages schließt er sich ihrer Meinung an: Sich ganz unverbindlich das Angebot anzuhören, und sei es auch nur, um seinen Marktwert zu prüfen.

Den ganzen Vormittag ist er fahrig und hat Mühe, sich zu konzentrieren. Er hat dem Headhunter versprochen, vor zwölf anzurufen, möchte dazu aber nicht das Firmentelefon und die Arbeitszeit benutzen. Er geht also um zwanzig vor aus dem Haus und telefoniert zehn Autominuten später mit dem Handy vom Parkplatz eines Einkaufszentrums aus.

Strehl klingt sehr erfreut. Sie verabreden sich für den nächsten Tag zu einer Randstunde in dessen Büro.

Kaum hat Welti aufgelegt, ruft Strehl dessen CEO Gantner an und beruhigt ihn bezüglich seiner Loyalitätsbedenken Welti gegenüber.

Und erhält den Auftrag, sich auf die Suche nach dessen Nachfolger zu machen.

Champions League

Fenner legt den Mantel auf den Garderobentisch und wartet, bis die Garderobiere die beiden Herren vor ihm abgefertigt hat. Da sagt einer hinter ihm: »So, auch ein bisschen Weiterbildung.« Scheiße, Loosli.

Fenner grüßt distanziert. Dafür bezahlt er nicht dreihundertvierzig Franken, um bereits bei der Mantelabgabe auf einen zu treffen, dem er selbst in der Firma aus dem Weg geht. Was Fenner sucht, ist die zufällige Begegnung mit den Big Shots.

Aber Loosli lässt sich nicht abschütteln. Aus seiner Position ist Fenner bereits Big Shot genug. Er verfolgt ihn ins Foyer, trinkt mit ihm ein Glas abgestandenen Orangensaft und knabbert mit ihm etwas Blätterteiggebäck. Erst als die Tür zum Vortragssaal geöffnet wird, gelingt es Fenner, Loosli im Gedränge abzustreifen. Er sucht sich eine der hintersten Reihen aus, von wo aus er in aller Ruhe eine Bestandsaufnahme der anwesenden Wirtschaftsprominenz machen kann.

Diese fällt ernüchternd aus. Außer ein paar Vertretern der Fachpresse, einigen Habitués, die immer bei solchen Anlässen aufkreuzen, und Loosli kann Fenner kein bekanntes Gesicht entdecken. Wahrscheinlich haben die Big Shots die Übertragung der Champions League dem Thema »Marketing im Spannungsfeld zwischen Globalisierung und Lokalisierung« vorgezogen.

Doch kurz nach dem Begrüßungsapplaus für den Referenten entdeckt Fenner im erlöschenden Saallicht – Kaufmann! Er sitzt in der dritten Reihe mit verschränkten Armen und erwartungsvoll hochgerecktem Kinn, als wäre der Event eigens für ihn veranstaltet worden. Kaufmann ist in der überschaubaren Welt von Fenners Branche DER Mann, dem man an solchen Veranstaltungen zufällig begegnen will.

Während der nächsten quälenden zwei Stunden legt sich Fenner eine Strategie zurecht, wie er beim anschließenden Dinner einen Platz an Kaufmanns Tisch erobern kann. Er beschließt, ihn beim Schlussapplaus genau zu beobachten und sich, je nachdem, wie heftig er klatscht, ihm im Foyer mit einem begeisterten oder kritischen Kommentar zu nähern und nicht mehr von seiner Seite zu weichen.

Aber als er Kaufmann endlich in der Menge entdeckt, muss er einen Umweg machen, um Loosli aus dem Weg zu gehen, der ihn heranwinkt. Er entdeckt Kaufmann erst im Speisesaal wieder. An einem vollbesetzten Tisch. Und neben – Loosli.

Er selbst landet an einem Tisch mit dem Event-Strandgut, das, wie er, keinen Anschluss gefunden hat. Loosli sitzt direkt in seiner Aussicht und unterhält sich angeregt mit Kaufmann, dem Mann, von dem es heißt, er sei der offizielle Einflüsterer von Wanner, dem öffentlichkeitsscheuen Hauptaktionär der wellpag international.

Angewidert löffelt Fenner die lauwarme Consommé, stochert im schlappen Blattsalat, kaut auf dem trockenen Filet herum und macht die Versuche seines Tischnachbarn zunichte, mit ihm ins Gespräch zu kommen. Er muss hilflos mit ansehen, wie das Verhältnis zwischen Kaufmann und

Loosli mit jedem Gang herzlicher wird. Beide sprechen dem schwefligen Dôle zu, als sei es ein Jahrhundertwein, und immer öfter klingt von ihrem Tisch dröhnendes Gelächter herüber. Jedes Mal, wenn er Looslis Blick begegnet, zwinkert der ihm verschwörerisch zu.

Der Zufall will es, dass sie sich bei der Garderobe wieder begegnen. »Und?«, fragt Loosli aufgeregt, »wie ist es so, einen ganzen Abend neben dem mysteriösen Wanner himself zu sitzen?«

Die Anstatt-Frage

Und dann ist da noch die Anstatt-Frage für diese Weihnachten.« Kessler schaut in die Runde. »Irgendwelche Vorschläge?«

Schaufelberger, Bolliger und Ehrsam schauen ebenfalls in die Runde. Keine Vorschläge.

»Dann schlage ich vor, wir machen ein Brainstorming.«

Schaufelberger, Bolliger und Ehrsam schielen verstohlen auf ihre Armbanduhren. Sie kennen Kesslers Brainstormings am Ende einer Geschäftsleitungssitzung.

Ehrsam macht Tempo, er sollte seit einer Viertelstunde im Fitness-Studio sein. »Ich meine, Pakistan ist immer noch aktuell, wie man hört.«

»Fast zu aktuell«, gibt Bolliger zu bedenken. »Das machen jetzt alle, da riskieren wir ein Visibility Problem.«

»Das ließe sich gestalterisch auffangen.« Schaufelberger ist auch verabredet. »Erdbeben. Da gibt es massenweise spektakuläres Bildmaterial.«

»Zu negativ, der Approach. Das will man nicht auf dem Schreibtisch haben vor Weihnachten. Außerdem will ich nicht, dass unsere Kunden die Gublex AG mit Trümmern assoziieren. Da müssen wir schon etwas kreativer sein, meine Herren.«

Die Runde verfällt in kreatives Schweigen. Wieder ist es Ehrsam, der sich zuerst meldet. »Wir müssen ja nicht zeigen, es dort heute aussieht, sondern wie es dort morgen wieder aussehen soll. Positiv!«

Die Runde stellt sich einen vierseitigen Weihnachtsfolder mit fröhlichen pakistanischen Kindern und vielleicht auch zwei, drei jungen Erwachsenen in einer intakten Landschaft vor. Die Chancen für den Vorschlag steigen spürbar.

Bolliger, der es sich karrieretaktisch im Moment nicht leisten kann, dass ein Vorschlag von Ehrsam durchkommt, sagt: »Sind das nicht überwiegend Muslime?«

»Und?«, schnappt Ehrsam.

»Nichts, ich denke nur laut: Anstatt Geschenke zum höchsten christlichen Feiertag macht die Gublex AG eine Spende an die Bürger der Islamischen Republik Pakistan ...«

Die Runde bedenkt den Einwand.

»Es gibt ja auch bei uns Leute, denen es nicht so super geht«, sagt Schaufelberger in die Stille. »Wir hatten ja auch ein paar Naturkatastrophen, wenn Sie wissen, was ich meine.«

Ehrsam spürt sofort, wie gefährlich der Ansatz ihm werden könnte. »Good thinking«, sagt er, »obschon ...«

Alle Blicke auf Ehrsam.

»Spricht nicht gerade für die Global Mindedness der Gublex AG.«

»Das kommt natürlich extrem auf die Umsetzung an«, wehrt sich Schaufelberger. »Eine junge Bauernfamilie vor einem sauber eingerüsteten Chalet, von einem internationalen Fotografen porträtiert.«

Die Runde stellt sich den Weihnachtsfolder vor, und er gefällt ihr.

»Aber wo finden wir die Familie Tanner in der kurzen Zeit?«, fragt Ehrsam mit gespielter Sorge.

Schaufelberger winkt ab. »Ich ruf die Agentur an, sie sollen ein Casting organisieren. Special Models.«

Kessler runzelt die Stirn. »Müssten die nicht eher echt sein?«

»Die stehen dann symbolisch für die echten.«

»Special Models, internationaler Fotograf, Agentur – laufen uns da nicht die Kosten aus dem Ruder?«, fragt Ehrsam boshaft in die Runde.

Es ist das alte Lied: Mit der Finanzkeule lässt sich auch die innovativste Idee niedermachen.

Die Gublex schenkt ihren Kunden in diesem Jahr statt eines Geschenks eine schöne Flasche Wein.

Sorgen um die Zukunft

Und? Wie fühlst du dich?«

»Ach, wie immer in diesen Tagen: etwas mulmig.«

»Verständlich.«

»Je näher es rückt, desto nervöser wird man.«

»Jetzt ist es ja dann bald raus. Wenn du weißt, womit du es zu tun hast, kannst du dich auch darauf einstellen.«

»Ach, ich weiß nicht. Die Ungewissheit ist schon schlimm, aber die Gewissheit ist meistens auch kein Zuckerschlecken.«

»Hast du wirklich keine Ahnung?«

»Keinen blassen Schimmer. Aber ich rechne mit dem Schlimmsten.«

»Schlimmer als damals mit den Ehewochenenden kann es ja nicht werden.«

»Ehewochenenden?«

»Als er jedes Wochenende, in dem die Zahl acht vorkam, total auf dich einging.«

»Die Togetherness-Weekends. Zweitausendundzwei. Neun Wochenenden mit acht! Vier davon Wellness im Schwarzwald!«

»Mit Partnermassage!«

»Hör auf!«

»Pardon.«

»Das war gar nichts gegen die Gourmet-Saturdays.«

»Als er gekocht hat?«

»Jeden sechsten Samstag. Weißt du, wie viele das sind im Jahr?«

»Bestimmt mehr, als man denkt.«

»Acht! Acht Mal im Jahr: ›Haben wir eine gusseiserne Pfanne mit gut schließendem Deckel?‹, ›Wieso haben wir keine Spicknadel?‹, ›Womit streicht man einen Teelöffel Salz?‹, ›Was ist ein Schaumlöffel?‹, ›Wo sind die Teller, Tassen, Schüsseln, Pfannen, Messer, Gabeln?‹ Acht Mal im Jahr bis weit nach Mitternacht versuchen, mit verschiedenen Umweltgiften die Küche wieder halbwegs sauber zu kriegen.«

»Und dann musstest du das Zeug ja auch noch essen.«

»Und loben!«

»Relax. Schlimmer kann es nicht werden.«

»Das dachte ich damals auch. Und dann kam das Work-Life-Balance-Year.«

»Ach ja, das war, als er manchmal nicht so spät nach Hause kam.«

»Unangemeldet! Da sitzt du gemütlich mit den Kindern vor dem Fernseher und isst eine Fertigpizza, und wer kommt nach Hause und ruft schon im Korridor: ›Mmmmh, wie das duftet!‹«

»Auch nicht einfach.«

»Und er kam mit in die Ferien! Nicht wie sonst, später kommen, früher abreisen und dazwischen am Handy hängen: Richtig gemeinsam anreisen, Sandburgen bauen und Ausflüge in die Umgebung organisieren.«

»Ich würde durchdrehen.«

»Was glaubst du, woher Katja ihre Essstörungen hat?«

»Ich dachte, die stammen vom Quality-Time-Jahr. Als er mit den Kindern Aufgaben machte und Aufklärungsgespräche führte.«

»So genau lässt sich das bei Katja nicht festmachen, sagt der Psychologe, das Quality-Time-Jahr folgte ja direkt auf das Work-Life-Balance-Jahr. Nicht wie bei Luca. Der hat seine Übergewichtsprobleme eindeutig vom Family-Fitness-Jahr.«

»Das war damals, als die ganze Familie jeden Morgen um sechs Uhr ...«

»Erinnere mich bitte nicht daran. Sei froh, dass deiner raucht.«

»Wieso?«

»Dann weißt du wenigstens jedes Mal, was er sich für das neue Jahr vornimmt.«

Mit neuen Augen

Für das neue Jahr hat Staub sich etwas ganz Simples vorgenommen: Er wird alles mit neuen Augen betrachten. Als wäre der erste Tag im neuen Jahr der erste seines Arbeitslebens. Die Idee ist ihm in Litzirüti bei Arosa gekommen, wo er seit elf Jahren mit der Familie Weihnachten und Neujahr verbringt. Dort hat er eine Anfängerklasse Skifahrer beobachtet und sie darum beneidet, etwas zum ersten Mal tun zu dürfen. Sie konnten sich zwar kaum auf den Brettern halten, aber sie gewannen der Sache einiges mehr ab als er, der von sich behaupten darf (und es auch ab und zu tut), ein ziemlich guter Skifahrer zu sein. Das wäre es, dachte er: Die Routine des Könners mit der Neugierde des Anfängers zu paaren.

In den folgenden unruhigen Winternächten im dünnwandigen Appartementhaus ›Soldanella‹ reift der Gedanke zum Vorsatz. Staub wird im neuen Jahr alles mit den Augen des Anfängers betrachten und mit dem Know-how des Vollprofis angehen. Kaum steht der Entschluss fest, stellt sich auch schon der erste Erfolg ein: Zum ersten Mal seit vielen Jahren freut er sich auf den Arbeitsbeginn.

Am ersten Tag des neuen Jahres betritt er die Firma wie Alice das Wunderland. Seine neuen Augen sehen einen großen Raum, dessen Eingangsbereich mit Bodenlappen ausgelegt ist, damit die Mitarbeiter das schwarze Schmelzwasser an ihren Profilsohlen nicht überall reinschleppen. Hinter dem Empfangstresen im Zwielicht der Leuchtstoffröhren sitzt eine fröstelnde Frau mittleren Alters, die eine Zigarette versteckt und ihm ein gutes neues Jahr wünscht.

Er betritt den Lift und ignoriert den Stern von Bethlehem, der am Spiegel klebt und ihn an den vergangenen Dezember erinnern will, als Staub die Welt noch nicht mit neuen Augen sah.

Im vierten Stock betritt ein Mann den Lift und fragt: »Gut gerutscht?« Er ist Mitte vierzig, und mit neuen Augen betrachtet, trägt er einen ähnlichen Anzug wie Staub, eine ähnliche Krawatte wie Staub, riecht er nach einem ähnlichen Eau de Toilette wie Staub und lichten sich seine Haare an einer ähnlichen Stelle wie die von Staub.

»Super, und selbst?«, hört sich Staub mit neuen Ohren antworten. Im Sechsten steigen sie beide aus. Der Lift fährt weiter nach oben.

Staub betritt einen Raum von drei mal vier Metern. Es riecht nach einem gründlichen Reinigungsmittel für längere Abwesenheiten. Er hängt den Mantel in den Garderobenschrank. An einem Bügel sehen seine neuen Augen das Gilet des grauen Anzugs mit den kaum sichtbaren roten Nadelstreifen, der ihm seit mehr als zwei Jahren zu eng geworden ist. Rasch schließt er den Schrank und geht zum Schreibtisch.

Zwei Fachzeitschriften von damals, als er noch nicht alles mit neuen Augen sah, liegen neben dem Keyboard. Die ersten fünf Kürzel auf dem Verteiler sind mit unleserlichen Kritzeln abgezeichnet. Das sechstoberste lautet Stb. Als müsste man einen einsilbigen Namen wie Staub noch abkürzen.

Stb öffnet das Fenster und lehnt sich hinaus. Am Fenster daneben steht Kwl und lehnt sich hinaus. »Gut gerutscht?«, fragt er. »Super, und selbst?«, hört Staub sich antworten. Dann schließen beide die Fenster wieder.

Staub setzt sich auf seinen Drehsessel und schaltet den PC ein. Im Bildschirm spiegelt sich das Bild eines Mannes, der den PC einschaltet.

Staub beschließt, doch lieber wieder alles mit alten Augen zu betrachten.

Die Unzertrennlichen

Bühlmann und Wehrli lernten sich als Gymnasiasten im Sommer 1980 auf einer Tramschiene in Zürich kennen. Sie hielten sie besetzt, weil der Stadtrat ein autonomes Jugendzentrum abgelehnt, aber sechzig Millionen für die Renovierung des Opernhauses bewilligt hatte. Am gleichen Tag begegneten sie sich zufällig wieder, weil sie sich am gleichen Brunnen das Tränengas aus den Augen spülten. Das war der Beginn einer großen Freundschaft.

Nach den Jugendunruhen verbrachten sie die Abende gemeinsam in der Roten Fabrik oder waren unterwegs als Roadies für »Brechdurchfall« bis zur Auflösung der Band im Herbst 1982.

Zu Beginn ihres Studiums bewohnten sie die gleiche WG und halfen sich gegenseitig an den Tagen, an denen sie Küchendienst hatten. Bühlmann war berühmt für sein Mah Mee, und Wehrlis Spezialität war Pouletgeschnetzeltes mit Rahmsauce und, wenn das Geld reichte, Totentrompeten.

Sie ließen sich vom gleichen Psychiater dienstuntauglich schreiben und jobbten beide in der gleichen Großgärtnerei während der Semesterferien.

Zweimal fuhren sie gemeinsam nach Griechenland, übernachteten am Strand oder in billigen Zimmern und betranken sich mit Retsina und Ouzo.

Sie verbrachten eine Nacht auf einem Posten der Stadtpolizei wegen zwei Gramm Shit und eine weitere wegen Schwarzfahrens und Renitenz gegen die Tramkontrolleure.

Sie beeinflussten sich gegenseitig, von Soziologie auf Wirtschaft umzusatteln, und als Wehrli aus der WG gemobbt wurde, zog Bühlmann solidarisch mit ihm aus.

Sie wohnten fortan im gleichen Studentenwohnheim und aßen viermal die Woche im gleichen Studentenlokal Spaghetti à discrétion.

Eine einzige Krise erlebte ihre Freundschaft: Elisabeth.

Elisabeth war eine Jurastudentin im zweiten Semester, die manchmal an der Bar des ›Lumbago‹ aushalf, des Clubs, wo Bühlmann und Wehrli ihre Erfolge feierten und ihre Misserfolge verkrafteten. Bühlmann verliebte sich unsterblich in sie. Und Elisabeth erhörte – Wehrli. Für andere wäre das das Ende der Freundschaft gewesen. Bühlmann und Wehrli gingen lediglich eine Weile auf Distanz zueinander, und als Elisabeth einen Dritten erhörte, trösteten sie sich gegenseitig über den Verlust hinweg. Ebenfalls im ›Lumbago‹.

Sie schlossen gleichzeitig ihr Studium ab, keiner von beiden mit Bravour. Ihre ersten Stellen versprengten sie zwar in unterschiedliche Gegenden des Landes, aber nie verloren sie sich aus den Augen. Sie telefonierten ab und zu und trafen sich in großen, aber regelmäßigen Abständen.

Sie gingen feste Beziehungen ein und stellten sich gegenseitig ihre Freundinnen vor, die sich zu niemands Verwunderung ausgezeichnet verstanden. Ihre Jobs führten sie wieder in die gleiche Stadt, und an jedem zweiten Samstag des Monats unternahmen sie etwas zusammen. Zum Beispiel einen Besuch des Opernhauses, dessen Renovierung sie ihre Freundschaft verdankten.

Sie heirateten im Abstand von weniger als einem Jahr, und jeder diente dem andern als Trauzeuge. Und als die ersten Kinder kamen, lag es auf der Hand, wer der Götti sein würde.

Vor kurzem ist Bühlmann auf Wehrlis Empfehlung ins Management des gleichen Unternehmens eingetreten.

Das ist das Ende einer großen Freundschaft.

Jetzt sind sie ein Team.

Lehmann on the Rocks

Lehmann späht durch das kleine Glasfensterchen in der Saunatür, bis der Belgier von Tisch achtzehn aus dem Kaltwasserbecken klettert. Marianne und er haben Tisch siebzehn und grüßen Tisch achtzehn seit dem zweiten Tag. Es war unangenehm genug gewesen, in der Ausdünstung von jemandem zu schwitzen, von dem man genau wusste, was er zu Abend gegessen hatte. Das Kaltwasserbecken mag Lehmann nicht auch noch mit ihm teilen.

Jetzt ist die Luft rein. Lehmann bindet sich das nasse Frottiertuch neu um die Hüfte, sichert den Knoten mit der Linken, zieht den Bauch ein und verlässt die Sauna. Er geht die paar Schritte zum Kaltwasserbecken und schaut sich vorsichtig um. Als er sich versichert hat, dass die Luft rein ist, lässt er das Tuch fallen und springt.

Er ist auf etwas Kühles gefasst. Aber dass es so kalt sein würde, hat ihm niemand gesagt. Wenn es ihm nicht den Atem verschlagen hätte, würde er schreien wie ein Kind im Nichtschwimmerbecken. Das Eiswasser brennt auf seiner Haut wie Pommes-frites-Öl.

Er hält sich japsend am Beckenrand fest und zählt. Mindestens eine Minute empfiehlt der wasserfeste Anschlag im Schwitzraum. Lehmann nimmt an, dass es sich dabei um die Erfahrungsdaten für Fortgeschrittene handelt, und reduziert sein Limit auf zwanzig Sekunden. Bei neun beginnt er, rascher zu zählen, und bei vierzehn fängt er an, aus dem Becken zu klettern.

Bei siebzehn entdeckt er Rudin.

Keine zehn Meter vom Kaltwasserbecken entfernt, unterhält der sich mit einem Unbekannten. Beide tragen ihre Frottiertücher tief auf den Hüften, wie römische Zenturionen zwischen zwei siegreichen Feldzügen. Rudin benutzt seine verschränkten Arme als Push-up-Bra für den großen Brustmuskel und achtet darauf, dass die muskulösen Unterarme nicht zu viel vom Waschbrettbauch verdecken.

Lehmann lässt sich wieder ins Gletscherwasser sinken und beginnt, Marianne zu verfluchen. Das hat er jetzt davon, dass er sich zu diesen Scheißwellnessferien überreden ließ. Noch schlimmer: dass er sich weichklopfen ließ, in diesen Scheißwellnessferien auch noch von diesem Scheißwellnessangebot Gebrauch zu machen. Nur weil es im horrenden Preis des Arrangements inbegriffen ist. Im ›Alpina‹, wo sie sonst die Winterferien verbrachten, wäre Rudin nicht aufgetaucht. Und falls doch, hätte er Lehmann niemals bibbernd und splitternackt aus einem Kühlbecken klettern sehen.

Nein. Diesen Anblick gönnt er Rudin nicht. Nicht Rudin, der es seit Jahren auf seinen Job abgesehen hat. Der stumm und hartnäckig darauf hinarbeitet, dass sich Lehmann die entscheidende Blöße gibt.

Aber jetzt beginnen Lehmanns Zähne zu klappern. Es wird ihm nichts anderes übrigbleiben, als sich das Frottiertuch vom Beckenrand zu angeln, es unter Wasser umzulegen und möglichst gelassen aus dem Becken zu steigen.

Während er vergeblich nach dem Tuch tastet, sieht er gerade noch, wie sich eine Frau im hellblauen Arbeitsmantel mit einem Wäschekorb voller gebrauchter Frottiertücher entfernt. Rudin wechselt gerade vom Spiel- aufs Standbein.

Auf vierhundertachtzig muss Lehmann zählen, dann verschwindet Rudin in der Sauna. Dass er ihm seinen Anblick nicht gegönnt hat, wärmt Lehmann ein bisschen. Aber nicht genug, um ihm den schweren grippalen Infekt zu ersparen, dem sein durch die Unterkühlung geschwächtes Immunsystem nichts entgegenzusetzen hat.

Die zehn Arbeitstage, die er ausfällt, wird er von Rudin hervorragend vertreten.

Kellermann greift durch

Bader war schon lange überfällig. Genau genommen seit Kellermann die Division übernommen hat. Schon damals war er ihm unangenehm aufgefallen. Er hatte beim Welcome Meeting des Managements stumm dagesessen und ein Gesicht gemacht, als hätte er alles, was Kellermann vortrug, schon hundert Mal gehört. Er war der Einzige gewesen, der keine Fragen gestellt hatte. Als wäre ihm die Divisionsstrategie, die Kellermann auf zehn Charts präsentierte, längst bekannt.

Schon damals hätte er Bader wegstrukturieren sollen. Weshalb er es nicht getan hatte, war ihm erst später klargeworden: Bader hatte es erwartet. Er hatte am großen Sitzungstisch gesessen, als hätte er sich längst damit abgefunden, dass er als Erster rausfliegen würde. Rückblickend ist sich Kellermannn sicher, dass dies der Grund dafür gewesen war, dass er ihn behielt. Er hatte nichts tun wollen, was dieser Besserwisser vorausgesehen hatte. Einer wie Kellermann ist für einen wie Bader nicht berechenbar.

Kam dazu, dass Bader schon seit über zwölf Jahren dabei war und laut den Unterlagen von Human Resources einen guten Job machte. Das hatte zwar nichts zu bedeuten, einen guten Job machen ist noch lange kein Grund, nicht gekündigt zu werden, aber Kellermann wollte nicht schon in den ersten Tagen die Arbeit der HR anzweifeln. Wer weiß, wann er sie brauchte.

Kellermann hatte also Bader erst mal weiterbeschäftigt. Bald hatte sich herausgestellt, dass die Einschätzung der HR zutraf: Der Mann machte einen guten Job. Was nicht hieß, dass es da draußen nicht Hunderte gab, die Baders Job genauso gut machen würden. Eine Vertriebsabteilung mit hundertsechsundachtzig Mitarbeitern zu leiten *is no rocket science*. Da ließe sich auch jemand finden, der sich Notizen macht, wenn Kellermann bei den Kadersitzungen die Beschlüsse zusammenfasst. Oder der nicht mit einem Louis-Vuitton-Executive-Case rumläuft. Und der nicht jedes Mal, wenn Kellermann das Wort an ihn richtet, aussieht, als müsste er ein Gähnen unterdrücken.

Trotzdem hat er es drei Jahre ausgehalten mit Bader. In der Hoffnung, dass dieser ihm einen Vorwand lieferte, ihn rauszuschmeißen. Aber er lieferte ihm keinen. Außer einer gewissen pantomimischen Untergrabung von Kellermanns Autorität. Plus einer bestimmten stummen Klugscheißerei. Beides triftige, aber schwer nachzuweisende Entlassungsgründe.

Nichts wird so oft als Anerkennung seiner beruflichen Leistung missverstanden wie das Ausbleiben der Kündigung. Je länger er Bader nicht entlassen hatte, desto schwieriger war es geworden, es zu tun. Kellermann sagte sich, wenn sich der Kerl schon unverdientermaßen eines ungekündigten Arbeitsverhältnisses erfreut, kann man ihn auch ruhig etwas belasten. Er betraute ihn mit Planung, Organisation und Durchführung der halbjährlichen Divisionsworkshops und mit der Neufassung des Organisationshandbuchs. Beides arbeitsintensive Nebenaufgaben, die Bader mit der üblichen penetranten Widerspruchslosigkeit erledigte. Und die unter Baders Kollegen zum Missverständnis führten, er sei Kellermanns Protegé.

Schon aus diesem Grunde war Kellermann gezwungen gewesen, seine Suche nach Kündigungsgründen für Bader aufzugeben und endlich durchzugreifen. Warum soll ein Manager seines Formats nicht auch einmal eine Führungsentscheidung aus dem Bauch treffen dürfen?

Vor nunmehr achteinhalb Monaten hat er Bader innerlich gekündigt.

Vom Füllen der Wortabstände

Die Frage, wer spricht und wer zuhört, ist zum Glück meistens hierarchisch geregelt: Der Höhere spricht, der Niedrigere hört zu. Die Wortabstände sind das Territorium des Höheren. Er kann sie kleiner oder größer halten und unbeaufsichtigt im Raum stehenlassen, ohne dass der Untergebene sie ihm streitig macht. Auch für den Untergebenen ist das Gespräch in der hierarchisch sauberen Konstellation viel erholsamer. Er muss nicht ständig auf einen Wortabstand lauern wie der Löwe auf die Antilope. Er kann sich zurücklehnen, nicken und sicher sein, dass der andere es ihm schon zu verstehen geben wird, wenn er etwas sagen soll.

Für die Denk- und Atempausen gilt das Gesetz des Dschungels: Sie gehören dem Stärkeren. Wenn die Frage, wer dies ist, nicht durch das Organigramm geregelt wird, muss sie laufend geklärt werden. Im Sinne einer kleinen Hilfestellung für die rhetorisch geforderte Führungskraft seien hier die gängigsten Tricks und Techniken zur Erleichterung von Gesprächen auf gleicher Hierarchiestufe aufgezählt und kurz beschrieben:

Relevancing:

Darunter versteht man den Versuch, die Abstände durch die Relevanz des eben Gesagten zu füllen. Was Sie sagen, soll immer so bedeutungsvoll sein, dass der Gesprächspartner den Vergleich seines Statements mit dem Ihren scheut. Sein

Zögern nutzen Sie zur Entwicklung eines neuen relevanten Gedankens. (Tipp: Brillenträger erhöhen die Relevanz eines Statements dadurch, dass sie danach die Brille abnehmen und ihr Gegenüber triumphierend fixieren.)

Questionmarking:

Sie sprechen, so lange Ihre Atemluft reicht, ohne Punkt und Komma und beenden jedes Statement mit einer Frage. Dadurch machen Sie es dem Gesprächspartner schwerer, sein vorbereitetes Statement fugenlos an Ihres zu reihen. Sie holen Luft und entwickeln, ohne seine Antwort abzuwarten, Ihren Gedanken weiter. (Tipp: Die Frage muss nicht als Frage formuliert sein. Es genügt, wenn Sie Ihrem Gesprächspartner stimmlich und/oder körpersprachlich das Gefühl geben, er habe eine Frage überhört.)

Anticipating:

Diese Technik verlangt ein geschultes Auge und die Fähigkeit, Mimik zu lesen. Sie müssen dabei Ihr Gegenüber ständig im Auge behalten und beim kleinsten Anzeichen dafür, dass es etwas sagen will, DIE STIMME ERHEBEN UND DAMIT SIGNALISIEREN, DASS SIE IM BEGRIFF SIND, ZUM KERNPUNKT IHRER AUSSAGE zu kommen. (Tipp: Als Variante können Sie die Stimme auch fast bis zur Unhörbarkeit senken.)

Humming:

Das Atemholen ist ja nicht die einzige Ursache für Wort- oder Satzabstände. Manchmal entstehen diese auch durch Nachdenken. Man überlegt, was man als Nächstes sagen will, und hat dadurch den Kopf nicht frei für das, was man gerade sagt. In dieser Situation empfiehlt sich das Humming, das Füllen-ehm-der-ehm-Abstände-und-ehm-Pausen-durch-ehm-Ehms. (Tipp: Geht auch mit Ähs.)

Echoing:

Eine Weiterführung des Hummings. Sie besetzen die Pausen durch die Wiederholung des letzten Wortes-Wortes-Wortes, bis Sie den Faden wieder gefunden haben. (Tipp: Geht auch mit ganzen Sätzen-Geht-auch-mit-ganzen-Sätzen.)

Fortgeschrittene können selbstverständlich alle Techniken-MITEINANDER-EHM-KOMBINIEREN-kombinieren-kombinieren-äh-miteinander-kombinieren??

Pech für Buchmann

Sie bekommen keine zweite Chance, einen ersten Eindruck zu machen«, hatte Frau Rieder bei seinem ersten Besuch gesagt, als wäre ihr der Satz soeben eingefallen. Buchmann hatte ihn nicht gekannt und war beeindruckt gewesen.

Genau deswegen war er hier. Um an seinem ersten Eindruck zu feilen. Er hatte gelesen – er hat viel Zeit zum Lesen seit dem Personalumbau bei seinem früheren Arbeitgeber –, dass man während der ersten drei Minuten eines Vorstellungsgesprächs die größte Aufmerksamkeit seines Gesprächspartners besitzt. Und weil man in drei Minuten nicht viel sagen kann, muss man versuchen, visuell zu wirken. Daran arbeitet er seither mit Frau Rieder.

Davor war er immer der Meinung gewesen, dass er visuell okay wirke. »Wer mich nicht nimmt, wie ich bin, hat mich nicht verdient«, hat er zu seinem Personalberater gesagt, als dieser die Idee einer Imageberatung aufbrachte. Aber als ihn vier Bewerbungen später noch immer niemand verdient hatte, war er von sich aus auf das Thema zurückgekommen.

Jetzt hat er schon den sechsten Termin mit Frau Rieder, und er muss sagen: Er hat verdammt viel dazugelernt. Allein die Socken! Wer sagt einem denn, dass sie ein, zwei Töne dunkler als der Hosensaum sein müssen? Und – im Gegensatz zur Krawatte – nicht gemustert? Und auch sonst keine Motive enthalten dürfen, und seien sie noch so witzig? Bei seinem ersten Termin hatte Buchmann ein Paar getragen, an welchem dem aufmerksamen Betrachter ein diskret eingesticktes kleines Krokodil auffallen konnte. Frau Rieder war es nicht entgangen, und zwölf Paar davon, kaum getragen und jedes in einer andern, frechen Farbe, waren in der Kleidersammlung gelandet. Zusammen mit sechs noch guten dunklen Hemden, die er immer gerne zu seinen hellen Krawatten kontrastiert hatte.

Überhaupt die Krawatten! Auf diesem Gebiet hatte Frau Rieder ihn zu einem radikalen Umdenken gezwungen. Krawatten sind nicht, wie er immer geglaubt hatte, die einzigen Quadratzentimeter für modische Ausdrucksmöglichkeit des Businessmannes, seine einzige Chance, etwas Selbstironie und kritische Distanz zum ganzen *rat race* durchschimmern zu lassen. Krawatten sind kein individualistisches Statement. Sie sind ein aufrichtiges Zeichen der Zugehörigkeit.

»Ihr Gegenüber soll sich in Ihrer Krawatte wiedererkennen«, hatte Frau Rieder gesagt, als sie mit ihm beim Kleiderschrankcheck die Krawatten durchging. Von den sechsundvierzig Stück in seinem Besitz landeten einundvierzig im Freizeitbereich. Die meisten aus gestalterischen Gründen (großflächige Muster!), ein paar aus materiellen (Wolle! Leder! Kunststoff!), ein paar aus formalen (Krawattenbreite passte nicht zur Halsbreite!).

Bei einem begleiteten Einkauf hat Buchmann unter Anleitung von Frau Rieder sich drei kleingemusterte, klassische Seidenkrawatten angeschafft, weiße Hemden, schwarze Socken (bis unter das Knie), schwarze Halbschuhe (anstelle der beigen und hellgrauen), einen dunkelblauen Anzug (ohne Goldknöpfe) und einen grauen (ohne Lederknopflöcher).

Die Entscheidung, welche der drei Krawatten und welchen der zwei Anzüge er zu seinem ersten neugestylten Vorstellungsgespräch tragen soll, lässt Frau Rieder ihn bereits selbständig treffen.

Sein Gesprächspartner ist der Chief Human Resources Manager des Unternehmens. Buchmanns erster Eindruck von ihm ist, dass er ein dunkles Hemd mit einer hellen, zu breiten, großgemusterten Krawatte kontrastiert.

Himmelfahrtskommando

Also: Wer sagt es ihm?«

Kurt Eichenberger, Klaus Maurer und Yvonne Gubler essen wie an jedem ersten Montag des Monats im ›Santa Clara‹. Und wie jedes Mal landen sie beim Thema Baumann, ihrem direkten Vorgesetzten.

Aber heute gab es als Mittagsmenü Manzo al Barolo, und Yvonne Gubler hat dazu ausnahmsweise ein Glas Rotwein getrunken, sie trinkt sonst nie Alkohol am Mittag. Als nun die unvermeidliche Frage im Raum steht und ihre Tischpartner sie wie jedes Mal erwartungsvoll anschauen, sagt sie nicht: »Vergesst es!«, sondern zögert ein paar Sekunden. Damit meldet sie sich schon so gut wie freiwillig. Als sie mit etwas Verspätung in die Firma zurückkehren, hat sie sozusagen versprochen, es Baumann beizubringen, noch ehe die Woche vorbei ist.

Yvonne Gubler ist, das kann sie nicht leugnen, von den Direktbetroffenen die am direktesten Betroffene. Eichenberger und Maurer sind nur Baumanns Stellvertreter. Aber sie ist sein Vorzimmer. Nur durch eine dünne Tür getrennt. Dass diese meist offen steht, verschärft das Problem.

Es handelt sich bei Baumann nicht um die Ausdünstung eines Managers, den seine geschäftlichen Verpflichtungen dazu zwingen, schwere und knoblauchhaltige Mahlzeiten zu sich zu nehmen. Auch nicht um den schlechten Atem der

Führungskraft, die von der Fülle ihrer Aufgaben davon abgehalten wird, regelmäßige Mahlzeiten einzunehmen oder der Zahnpflege die gebotene Zeit einzuräumen. Nein, Baumann stinkt einfach so wie einer, der sich nicht wäscht.

Er verbreitet eine Duftmischung aus Schweiß, vollem Wäschesack und Fünf-Uhr-Tram, die zum Wochenbeginn erträglich ist und mit jedem Tag penetranter wird.

Dabei sieht Baumann nicht ungepflegt aus. Wenn man sich, was bis jetzt niemand gewagt hat, in seiner Gegenwart die Nase zuhalten würde, stünde man einem nassgekämmten, glattrasierten und dem Berufstand angemessen gekleideten Manager gegenüber. Äußerlich deutet nichts darauf hin, dass es sich bei Baumann um einen Weekend-Duscher handelt.

Den Nachmittag nach der verhängnisvollen Zusage lässt Yvonne Gubler ungenutzt verstreichen. Sie ist sich nicht sicher, ob sie ihrerseits nach diesem Mittagessen olfaktorisch über jeden Zweifel erhaben ist. Aber am nächsten Tag fasst sie sich ein Herz, betritt Baumanns Büro und reißt das Fenster auf mit den Worten: »Ein bisschen frische Luft könnte hier drin nicht schaden.«

Baumann zuckt nur mit den Schultern und diktiert ihr ein Memo, bis sie das Fenster schließen muss, um nicht zu erfrieren.

Am Mittwoch ist Baumann außer Haus. Am Donnerstag stellt sie eine Ylang-Ylang-Duftkerze auf ihren Schreibtisch. Als Baumann das Vorzimmer durchquert, fragt sie: »Nicht wahr, Sie würden es mir ebenfalls sagen, falls Sie der Geruch stört?«

Statt »Warum *ebenfalls*?« fragt er: »Welcher Geruch?«

Am Freitag stinkt Baumann so bestialisch, dass sie aus Notwehr handelt. Sie holt tief Luft, betritt sein Büro und sagt: »Herr Baumann, darf ich Sie in einer sehr persönlichen Angelegenheit sprechen?« Er nickt einfühlsam. Die Formulierung, die sie sich zurechtgelegt hat, entfällt ihr, und sie sagt: »Ehm, sorry, aber, ehm, Sie, ehm, wie soll ich sagen.« Sie zeigt mit dem Finger auf ihn und hält sich die Nase zu.

Für Yvonne Gubler löst sich dadurch das Problem. Auf den vertraglich nächstmöglichen Termin.

Außer Gefecht

Zuerst ist es nur ein Streifschuss. Ausgelöst durch Heimanns Angewohnheit, seine Energiegeladenheit auch körpersprachlich zum Ausdruck zu bringen. Er beendet die Alpha-Projekt-Sitzung mit dem üblichen »Das wär's dann, meine Herren« und schnellt aus seinem Stuhl in einer pirouettenartigen Bewegung, die ihn direkt aus der Tür und zum nächsten Termin tragen soll – da streift der brennende Pfeil seine Lendenwirbelsäule. Heimann verharrt mitten in der Pirouette, als sei ihm noch etwas eingefallen, wartet, bis der Schmerz verebbt, und geht dann gemessenen Schrittes wie in Gedanken aus dem Raum.

Steif und mit zusammengebissenen Zähnen schreitet er durch den Korridor, froh um die Schurwolle, die seine Schritte abfedert. Er erreicht sein Vorzimmer. Frau Furter schaut von ihrem Bildschirm auf, bereit, sich ein paar knappe Anweisungen zu notieren. Aber Heimann nickt ihr nur zu und durchquert den Raum mit tapferem Gesichtsausdruck.

Erst als er die Tür seines Büros hinter sich geschlossen hat, erlaubt er sich ein leises Stöhnen. Er legt seine Sitzungsunterlagen auf den Schreibtisch und greift sich ins Kreuz. Vorsichtig tastet er seine Wirbelsäule ab und findet die Stelle. Oioioi, sie liegt zwischen dem zweiten und dritten Lendenwirbel, mitten im Hexenschussgebiet. Das würde dem Konkurrenzumfeld so passen, Heimann mit einem Hexenschuss lahmgelegt, und das im ersten Quartal! Nein, nein, zu früh gefreut, Konkurrenzumfeld, Heimann wird den Hexenwarnschuss ernst nehmen und seine Vorkehrungen treffen.

Das Wichtigste ist, sich nichts anmerken zu lassen. Wenn der Leitwolf verletzt ist, fällt das Rudel über ihn her. Einzig Frau Furter wird er einweihen und sie bitten, ihm eine Wärmesalbe und Schmerztabletten zu besorgen.

Er ruft sie zu sich, und als sie Sekunden später sein Büro betritt, hat sie Salbe und Tabletten schon dabei. Sie kennt den tapferen Gesichtsausdruck.

Heimann verarztet sich und gibt Frau Furter die Anweisung, niemanden in sein Büro zu lassen, solange es hier rieche wie bei einem Sportmasseur. Dann macht er sich an die systematische Verdrängung der Symptome.

Das gelingt ihm immer dann, wenn er sitzt, und dann, wenn er steht. Es ist die Übergangsphase vom einen in den andern Zustand, die ihm die Symptome jedes Mal wieder voll ins Bewusstsein zurückbringt. Und diese Phase wird bei jedem Mal länger. Um elf Uhr braucht er vom gebeugten Gang des Neandertalers bis zum aufrechten des Chief Financial Officers bereits zwanzig Sekunden. Um halb zwölf lässt er Frau Furter seinen Lunch mit Tschopp unter einem ihrer phantasievollen Vorwände kurzfristig absagen. Um halb eins öffnet er zum Sandwich den vergessenen Jack Daniels aus dem Schiphol Tax-Free. Damit er sich nicht noch mehr verkrampft.

Nach seinem Lunch ist Heimann bereits auf die Hilfe der mitfühlenden Frau Furter angewiesen, um sich aus der Vorneandertalerstellung halbwegs aufzurichten. Er befolgt ihren Rat, alle Nachmittagstermine abzusagen, ein Taxi nach Hause und dort ein schönes heißes Bad zu nehmen.

Eine Stunde später gibt er die Versuche auf, die Badewanne ohne fremde Hilfe zu verlassen, und wartet gottergeben auf seine Frau, die heute ihre Ladies Night hat. Es ist fast Mitternacht, als sie ihn findet und Frau Furter zu Hause anruft, sie solle morgen nicht mit ihrem Mann rechnen – Hexenschuss.

Frau Furter drückt ihr Bedauern aus. Dann setzt sie sich auf ihren Besen und fliegt aus dem Kamin.

Die soziale Kompetenz

»Wir trennen uns von Willimann.«

»Kommt nicht überraschend.«

»Für Willimann schon.«

»Glaubst du?«

»Der Bonus wiegt ihn in falscher Sicherheit.«

»Man hätte ihm keinen geben sollen.«

»Das hätte ausgesehen, als wolle man ihn loswerden.«

»Das will man ja auch.«

»Aber es hätte ihn demotiviert. Wir konnten uns so kurz vor Jahresabschluss keine demotivierten Leute leisten.«

»War er hoch?«

»Im üblichen Rahmen.«

»Hoppla. Das kann er allerdings schon falsch interpretieren.«

»Boni sind vergangenheitsbezogen. Mit der Zukunft haben die nichts zu tun.«

»Nicht ganz einfach zu kommunizieren.«

»Ist es nie. Nicht auf diesem Level.«

»Weiter unten ist es einfacher.«

»Weiter unten kannst du es an einen Humanresourceler delegieren. Der macht das einfach eleganter.«

»Ist ja auch sein Beruf.«

»Ich kenne Firmen, die arbeiten auch auf der Ebene Willimann ausschließlich mit dem HR. Ich finde, das ist auch dem Betroffenen gegenüber fairer. Er hat ein Anrecht auf den Fachmann. Wenn ich einen Bypass brauche, will ich ja auch nicht vom Spitaldirektor operiert werden.«

»Vielleicht sollte ich das auch Feller übertragen. Es würde die Sache etwas von der persönlichen Ebene abheben.«

»Persönlich nehmen wird er es so oder so.«

»Eben. Da kann ich es ja genauso gut delegieren.«

»Sag ich ja.«

»Solche Gespräche sind auch zeitlich eine Belastung. Ich muss dir ja nicht erzählen, wie es in meiner Agenda aussieht. Eigentlich müsste ich jede Minute zukunftsbezogen investieren.«

»Du kannst Feller ja wenigstens dabeihaben. Der strukturiert dir das Gespräch. Das spart viel Zeit.«

»Aber die persönliche Komponente kriege ich damit nicht raus. Mir kann das ja egal sein, aber wenn ich Willimann wäre, wäre mir der rein sachliche Approach lieber.«

»Und wenn er dann unbedingt dein persönliches Feedback braucht, kann er dich ja um einen Termin bitten.«

»Wie gesagt, meine Agenda …«

»Das kann ja dann später sein. Wenn er es weiß, stehst du nicht mehr unter Zeitdruck.«

»Aber er wird natürlich ab sofort freigestellt.«

»Wenn Willimann ernsthaft an deinem persönlichen Feedback interessiert ist, wird er sich eben auf ein halbes Stündchen in die Firma bequemen müssen.«

»Hätte den Zusatzvorteil, dass nach ein paar Wochen auch die emotionale Distanz größer wäre.«

»Manchmal muss man die Leute vor sich selbst schützen. Willimann ist ja emotional nicht ganz unlabil.«

»Morgen sage ich Feller, er solle das abwickeln. Gleich im nächsten Monat.«

»Warum nicht mehr in diesem?«

»Willimann hat sich auch fürs Leadershipseminar Schönengrund am Wochenende angemeldet. Es würde unsere Begegnung unnötig belasten.«

»Das hatte ich ganz vergessen. Schon verrückt, was es alles abzuwägen gilt.«

»Und trotzdem wird es wieder heißen, der Alte hat es sich leichtgemacht.«

»Davon hat ja niemand eine Vorstellung, wie schwer unsereins mit diesen Entscheidungen ringt.«

Präventivmaßnahmen

Objektiv hat Scherrer von Bühler nichts zu befürchten, er ist diesem fachlich und charakterlich haushoch überlegen, aber der nächste Karriereschritt – die Nachfolge des auf Holdingebene beförderten Leiters Marketing und Verkauf – ist ihm zu wichtig, als dass er sich dabei auf die Objektivität des Entscheidungsträgers verlassen würde. Scherrer ist zwar gesetzt, es ist weit und breit kein ernstzunehmender Gegner in Sicht, aber er will kein Risiko eingehen. Auch die nicht ernstzunehmenden müssen eliminiert werden. Ein Mann wie Kunz, der sich nur in den Sphären des Strategischen bewegt, riskiert, die personalpolitische Tuchfühlung zu verlieren. Es könnte ihm passieren, dass er jemanden positiv einschätzt, einfach weil ihm zufällig nichts Negatives über ihn bekannt ist.

Scherrer hält es für seine Pflicht, dafür zu sorgen, dass seinem Chef das nicht mit Bühler passiert. Deshalb beginnt er, in die Gespräche mit Kunz kleine Bemerkungen über Bühler einzustreuen. Nichts Despektierliches, nichts Denunziatorisches, einfach kleine Aperçus, Präzisierungen und Bewertungen, die jede für sich wenig aussagen, aber zusammen ein Gesamtbild von Bühlers Persönlichkeit ergeben, das der Wahrheit näherkommt als jede Mitarbeiterbewertung.

»Ich hätte das wahnsinnig gerne noch kurz mit Bühler abgestimmt«, sagt er zum Beispiel bei einer Morgensitzung mit Kunz, »aber er ist um diese Zeit noch nicht im Haus.«

Einfach so als kleinen Einblick in Bühlers Präsenzperformance. Oder: »Ich fände es sehr wünschenswert, wenn Bühler bei der Präsentation dabei sein könnte. Vielleicht sollten Sie sie nicht zu spät ansetzen, wegen seinem Tai-Chi jeweils um sechs Uhr dreißig.«

Sehr gut gelingt Scherrer auch die Doppelfinte: »Ich bin froh, dass Sie das auch so sehen, Herr Kunz. Ich war einen Moment etwas verunsichert durch Bühler, der in dieser Frage gegenteiliger Meinung ist. Ich gebe an sich viel auf dessen Meinung.«

Es ist nicht immer ganz einfach, den Tritt an Bühlers Schienbein organisch ins Gespräch einzubauen, denn Bühler ist organigrammmäßig und von den Arbeitsabläufen her nie direkt involviert. Manchmal muss Scherrer einiges an Kreativität aufbringen, um Bühler ins Spiel zu bringen.

Ein belangloses Memo aus Bühlers Feder kommentiert er mit den Worten: »Ich muss schon sagen, Bühler besitzt meine restlose Bewunderung. Wie er es trotz seiner familiären Zusatzbelastung immer wieder schafft, einen Sachverhalt so kompakt darzustellen, Hut ab!«

Ebenfalls sehr stolz ist Scherrer auf die Formulierung, mit der er bei einem Lunch in Kunz' Gegenwart ein Glas Rotwein ablehnt: »Ich beneide ja Bühler um seine Konstitution. Der kann zum Mittagessen einen Halben Roten kippen und ist trotzdem den ganzen Nachmittag voll da.«

So arbeitet er Mosaiksteinchen um Mosaiksteinchen an Bühlers Bild des etwas unengagierten, beruflich und privat überforderten, alkoholisch gefährdeten, fachlich mit der obersten Geschäftsleitung divergierenden Kollegen, ohne auch nur ein einziges böses Wort über ihn zu verlieren.

Bei Kunz fällt Scherrers Saat auf fruchtbaren Boden. Am Tag, als sein Personalchef mit ihm die Nachfolgeregelung Leiter Marketing und Verkauf absegnen will, sagt Kunz: »Bevor ich mich endgültig für Scherrer entscheide, würde ich gerne einen Blick in das Dossier von dem andern werfen, von dem Scherrer immer in den höchsten Tönen spricht. Wie hieß der gleich?«

Das Bonus-Geheimnis

Kälin hat einen Bonus von – er kann es nicht einmal laut denken – (sechshundertvierzigtausend) bekommen. Das muss man sich mal auf der Zunge zergehen lassen: (sechshun-dert-vier-zig-tau-send). Hey! Nicht einfach theoretisch! Wenn er übers Internet in sein Gehaltskonto geht, steht dort: »Gutschrift: 640000.00.« Eigentlich sollte er die Zahl längst portioniert und auf andere Konten, Wertschriftendepots etc. verteilt haben. Aber er lässt sie noch ein wenig dort stehen. Aus ästhetischen Gründen. Und weil er so manchmal in sein Gehaltskonto gehen und sich an ihr weiden kann.

Darüber sprechen kann er nämlich mit niemandem. Das hat er unterschrieben. Ausnahme: Lebenspartnerin. Wenn er jetzt verheiratet wäre oder in einer festen Beziehung lebte, dürfte er zum Beispiel nach Hause kommen und schon in der Diele rufen: »Hallo, Schatz, rat mal, wie hoch mein Bonus ist.«

Aber Kälin ist Single. Bewusst. Er ist vierunddreißig (und sechshundertvierzigtausend Bonus!) und lässt sich noch ein wenig Zeit mit einer festen Bindung. Der Bonus ist der erste Anlass, an der Richtigkeit dieser Entscheidung zu zweifeln.

Ein fetter Bonus ist ja nicht nur ein Dank für geleistete Dienste und eine Motivation für kommende. Ein fetter Bonus ist auch ein Statussymbol. Nur: Was nützt ein Statussymbol, wenn man es geheim halten muss?

Am Anfang begnügt er sich damit, ab und zu vor einen der Spiegel in seinem Loft zu stehen und sich zuzuraunen: »Sechshundertfuckingvierzigfuckingtausend.«

Aber der Mensch ist ein kommunikatives Wesen, vor allem der beraterisch tätige. Und es gibt ja auch die nonverbale Kommunikation. Zum Beispiel wäre ein Porsche 911 Carrera Coupé in Arktissilbermetallic mit Carbon Interieur, 19-Zoll Sportdesign Rad, Bi-Xenon-Scheinwerfern und ohne Modellbezeichnung eine recht beredte Art auszudrücken: Der Mann hinter diesem Steuer hat sich einen hochanständigen Bonus verdient. Aber das Statement ist etwas ungenau. Wie kommuniziert Kälin, dass der 911er Carrera Coupé nur ungefähr ein Fünftel der Extrawertschätzung durch seinen Arbeitgeber repräsentiert?

Oder soll er es unter dem Siegel der Verschwiegenheit Carl, seinem besten Freund, verraten? Auf Carl kann er sich verlassen. Carl würde es für sich behalten. Aber besitzt er auch die innere Größe, sich über die Nachricht, dass Kälin einen Bonus von schätzungsweise fünf von Carls Jahresgehältern kassiert hat, aufrichtig zu freuen? Wäre es nicht eher eine Belastung für ihre Freundschaft? Würde Carl nicht anfangen, ihn anzupumpen?

Beneiden würde er ihn bestimmt. Und beneidet zu werden ist kein unwichtiges Motiv, seinen Bonus bekanntgeben zu wollen. Nur hat man den Neid lieber von seinen Feinden als von seinen Freunden.

Zum Beispiel von Jenni. Wie gerne würde er Jenni sagen: »Übrigens, mein Bonus war dieses Jahr ziemlich okay –

sechshundertvierzigtausend.« Und dann zuschauen, wie er erstickt.

Der Gedanke lässt Kälin nicht mehr los, und als er, wie jeden Mittwochmorgen, mit Jenni durch den Wald joggt (in Kälins Kreisen joggt man mit seinen Feinden) und dieser wieder so betont unangestrengt mit gezogener Handbremse neben ihm hertrabt, kann er sich nicht zurückhalten. Er stoppt Jenni und macht ihm Zeichen, dass er etwas sagen will.

Und während er noch um Atem ringt, platzt Jenni heraus: »Übrigens, mein Bonus war dieses Jahr ziemlich okay – neunhundertfuckingsiebzigfuckingtausend!«

April, April

Die Kunst des Aprilscherzes besteht darin, die Balance zwischen Unwahrscheinlichkeit und Glaubwürdigkeit zu finden. Eine Spezialität von Aegerter, wie alles, was mit Humor und guter Laune zu tun hat. Er ist ein Witzbold, aber nie, dass es blöd wird.

Sein Aprilscherz für dieses Jahr ist schlicht genial: Die Europazentrale habe beschlossen, Felix Kümin nach Brüssel zu berufen – als Leiter Gesamtvertrieb Europa. Und das auf Empfehlung von Rolf Lehner, CEO Schweiz. Das ist natürlich nur lustig, wenn man Kümin kennt. Aber dann ist es sehr lustig! Felix Kümin als Head of Distribution Europe! Das wäre, als ob, als ob... Aegerter fällt nichts auch nur annähernd so Absurdes ein. Und doch ist es glaubwürdig. Wer eine Ahnung davon hat, wozu die europäischen Headquarters fähig sind, und wer seinen Lehner kennt, der wundert sich über nichts, aber auch gar nichts mehr.

Aegerter hat Glück: Am Morgen des ersten April begegnet er Strasser in der Tiefgarage und kann ihm die Sache stecken. Das ist so wirksam wie ein Anschlag am Schwarzen Brett. Im Lift kann er ihm fünf Stockwerke lang beim Kopfschütteln zuschauen. Dann steigt Strasser aus, Aegerter fährt noch eins höher.

Die Sache ist so typisch Headquarters und so typisch Lehner, dass Strasser keine Sekunde daran zweifelt und noch im Mantel neun Telefongespräche führt, die alle anfangen mit: »Ich hoffe, du sitzt.« Als er eine halbe Stunde später zum Kaffeeautomaten geht, ist es dort schon das einzige Gesprächsthema.

Aus Anlass der Kümin-Sensation organisiert er einen spontanen Lunch mit ein paar Kollegen aus der Abteilung, bei welchem er aus gleichem Anlass etwas Alkohol zu sich nimmt. Diesem Umstand schreibt er es zu, dass er bei der zufälligen Begegnung mit seinem obersten Chef Lehner im Lift – der zweiten schicksalhaften Liftbegegnung dieses ersten April – sich doch tatsächlich zur Bemerkung hinreißen lässt: »Keine schlechte Entscheidung, das mit Kümin für den Gesamtvertrieb Europa. Überraschend, aber …«

Lehner schaut ihn kurz an mit einem Blick, den Strasser später als »verwirrt« beschreiben wird, und sagt: »Ich sehe nicht, was daran überraschend sein soll.«

In seinem Büro setzt Lehner sich in die Besuchersitzgruppe, wie er das nur in ganz schwierigen Managementsituationen tut. Kümin als Leiter Gesamtvertrieb Europa? Die Idee ist so bizarr, dass sie tatsächlich nur von der Europazentrale stammen kann. Er gratuliert sich, dass er richtig reagiert hat. So konnte er verhindern, dass Strasser, dieses Waschweib, herumerzählt, die Entscheidung sei ohne Lehners Wissen getroffen worden.

Was nichts daran ändert, dass sie tatsächlich ohne sein Wissen getroffen worden ist.

Lehner bittet sein Vorzimmer um eine ungestörte Stunde und verfasst ein vordatiertes Mail an die Zentrale, in welchem er Kümin wärmstens für die offene Stelle des Head of Distribution Europe empfiehlt. Er leitet es an die Zentrale weiter unter dem Betreff »Im Postausgang liegengeblieben«.

Die Berufung nach Brüssel trifft Kümin und seine Familie (drei Kinder im schulpflichtigen Alter) völlig unvorbereitet. Aber sie nehmen die Herausforderung an. Eine von Kümins ersten Neuerungen ist die Integration des Gesamtvertriebs Schweiz in den Gesamtvertrieb Europa. Ein großer Wurf ist das nicht, aber es bringt ein paar Synergien und spart ein paar Stellen ein.

Witzigerweise auch die von Aegerter.

Les fleurs du mal

Gestern habe ich Forrer auf der Bahnhofstraße gesehen.«

»Was macht denn der auf der Bahnhofstraße?«

»Blumen kaufen.«

»Forrer? Blumen?«

»Jedenfalls trug er etwas Schmales, Hohes, und auf dem Papier stand der Name eines Blumenladens.«

»Könnte auch ein Blumenstock gewesen sein.«

»Was macht denn das für einen Unterschied?«

»Einen entscheidenden. Blumenstöcke sind für Ehefrauen und Mütter. Blumensträuße sind für Freundinnen.«

»Du glaubst, Forrer hat eine Freundin?«

»Wie hat er die Blumen gehalten?«

»Normal.«

»Aufrecht?«

»Ich glaube schon.«

»An den Stielen?«

»So unten, eben.«

»Nicht wie etwas, mit einem Topf dran?«

»Nein, definitiv nicht.«

»Soso, der Herr Forrer.«

»Du glaubst, der hat eine Freundin?«

»Sieht ganz so aus.«

»Wegen dem Blumenstrauß?«

»Nicht nur. Er ist in letzter Zeit auch sonst komisch.«

»Forrer ist immer komisch.«

»Anders komisch. So wie nicht ganz bei der Sache.«

»Ist mir nicht aufgefallen.«

»Während der Monatssitzung? Die Power-Point-Präsentation von Kräuchi?«

»Was war da?«

»Lässt ihn volle zehn Minuten reden, ohne ihn ein einziges Mal zusammenzuscheißen.«

»Und das ist ein Indiz für eine Freundin?«

»Das plus dass er mit einem Blumenstrauß auf der Bahnhofstraße rumscharwenzelt.«

»Na ja, scharwenzelt ...«

»Nicht irgendwie beschwingt oder verklärt oder so?«

»Ein Mann mit einem Blumenstrauß auf der Bahnhofstraße wirkt ja schnell einmal verliebt.«

»Nicht Forrer.«

»Nein, Forrer nicht.«

»Tiens, tiens.«

»Ziemlich brisant, nicht?«

»Sackbrisant!«

»Außer, er war eingeladen und seine Frau hatte keine Zeit, Blumen zu besorgen.«

»Aber No-time-Forrer hatte Zeit?«

»Stimmt, schwer vorstellbar.«

»Selbst wenn: Wäre er dann über die Bahnhofstraße geschwebt?«

»Wäre er nicht.«

»Gestapft. Angewidert, dass er wieder alles selber machen muss.«

»Nein, so sah er nicht aus. Gar nicht.«

»Im Gegenteil?«

»Ganz im Gegenteil.«

»Siehst du.«

»Wer hätte das gedacht? Unser Forrerlein! Wenn das nur gutgeht.«

»Das können wir nur hoffen. Sonst gnade uns Gott.«

»Forrer verliebt, das geht ja noch. Aber Forrer mit Liebeskummer …«

»Übernächtigt, rotgerändert und verkatert um sieben im Büro.«

»Auf der Suche nach jemandem, an dem er sich abreagieren kann.«

»Hör auf! Hör auf!«

»Bist du sicher, dass da kein Topf dran war?«

Unter dem Regenschirm

Horat und Minder haben beschlossen, trotz des Nieselregens zu Fuß in die Firma zurückzugehen. Minder hat einen Schirm dabei und hält ihn so, dass auch Horat halbwegs trocken bleibt. Dadurch fühlt dieser sich verpflichtet, für die Unterhaltung zu sorgen. Er sagt:

»Kiefer macht jetzt so Events. Das heißt, ich weiß nicht, ob immer noch. Der erste ging gewaltig in die Hose.«

Minder schweigt.

»Im kleinen Rahmen. Achtzehn handverlesene Gäste, alles Top Shots. Zuerst ein Zwölfgänger eines eingeflogenen katalanischen Experimentalkochs, dann ein ungezwungenes Kamingespräch mit einem alt Bundesrat bei hundertjährigem Armagnac. Eiserne Regel: Den ganzen Abend kein Wort übers Geschäft.«

Horat wartet vergeblich auf die Frage, was denn in die Hose gegangen sei. Er beantwortet sie trotzdem: »Da war ein Druckfehler auf der Einladung.«

Minder überholt zwei Fußgänger, dadurch wird Horat kurz abgedrängt. Als er wieder unter dem Schirm ist, fährt er fort: »Das Datum war falsch.«

Minder gibt jetzt immerhin einen Laut von sich. Überraschung? Verachtung? Freude?

»Die Eventagentur hat es aber noch rechtzeitig gemerkt und alle persönlich benachrichtigt.«

Minder reagiert mit einem enttäuschten Schulterzucken.

Rasch ergänzt Horat: »Alle außer dem katalanischen Experimentalkoch und dem alt Bundesrat.« Horat schaut Minder von der Seite an. Möglich, dass der jetzt fast ein wenig lächelt.

Zwei Frauen mit Kinderwagen drängen Horat wieder ab und versauen ihm das Timing. Als er Minder wieder eingeholt hat, fällt Horats Pointe: »Die kamen eine Woche zu früh«, ins Leere. Er versucht zu retten, was zu retten ist: »Sie hätten einen sehr netten Abend gehabt, ließen sie ausrichten.«

Der Nieselregen schwillt zu einem normalen Schweizer Vorwochenendregen an. Sie gehen etwas schneller.

»Der Eventverantwortliche hat alles auf die Assistentin des Eventmanagers geschoben.«

Minder nickt unmerklich, als kenne er sich aus mit Eventmanagern. Dann beschleunigt er den Schritt, um noch bei Grün über den Fußgängerstreifen zu kommen.

Horat trippelt neben ihm her. »Und weißt du, was Kiefer gesagt hat?«

Minder scheint es nicht zu wissen.

»Ist sie wenigstens hübsch?« Horat hat dazu gelacht, aber Minder stimmt nicht ein. Eine Weile gehen sie schweigend nebeneinander. Minder dreht den Kopf zu Horat. Der versteht es als Aufforderung, weiterzuerzählen.

»Noch am gleichen Tag ruft die Assistentin Kiefer an und verlangt eine Entschuldigung.«

Auch diese Wendung scheint Minder nicht zu überraschen. Horat doppelt nach: »Sie! Von ihm!«

Je dichter der Regen fällt, desto weniger lässt ihm Minder von seinem Schirm.

»Wegen Sexismus! Stell dir vor! Nur weil er gefragt hat, ist sie wenigstens hübsch? Nach diesem Debakel!«

Der Firmeneingang ist jetzt in Sichtweite. Minder legt einen Zacken zu.

»Kiefer weigert sich natürlich. Und weißt du was? Das glaubst du nicht!«

Minder stürmt weiter dem Eingang zu.

»Am nächsten Tag steht die unangemeldet bei ihm auf dem Teppich!«

Minder bleibt abrupt stehen. »Und?«

»Was ›und‹?«

»Ist sie wenigstens?«

Schicksalsfreitag

Die ganze Woche hatte schon im Zeichen des Freitags gestanden. Das oberste Management war nervös, und diese Nervosität hatte sich auf das obere und das mittlere und von da aus auf die ganze Belegschaft übertragen. Alle wussten: An diesem Freitag ab zehn wird die Hauptmaßnahme besprochen, beurteilt und – mit großer Wahrscheinlichkeit – beschlossen.

Und nun ist er da, der Schicksalsfreitag.

Dietikers S 600 steht schon da, als die ersten Mitarbeiter in die Tiefgarage einfahren. Schon seit zehn vor sechs, wie Kühner, der Hauswart, zu berichten weiß. Auch die andern Managementparkplätze sind früh besetzt. Nievergelt von der Logistik sagt, die Fahrzeuge seien sauberer als an gewöhnlichen Freitagen.

Auch das Styling des Managements lässt erahnen, dass heute ein besonderer Tag ist. Bei den Hemden überwiegt Weiß statt Oxfordblau, außer dem Finanzchef trägt niemand eine lustige Krawatte, und die Aufzüge duften wie die Parfümerieabteilung eines Warenhauses kurz vor Weihnachten.

Eine eigenartige Aufgekratztheit hat sich des ganzen Hauptsitzes bemächtigt. Aus den offenen Bürotüren dringt gedämpftes Geschwätz und unterdrücktes Gelächter. Vor den Kaffeeautomaten bilden sich Menschentrauben, jemand hat Gipfeli mitgebracht, jemand etwas Selbstgebackenes. Es herrscht ein Gefühl der Zusammengehörigkeit, das allen großen Ereignissen vorausgeht.

Niemand möchte jetzt in Dietikers Haut stecken. Trotz seines zweifellos sagenhaften Gehalts, seiner Machtfülle und seiner Medienpräsenz. Fast ein Jahr ist es her, dass er das Unternehmen von seinem Vorgänger übernommen hat. Man kann nicht sagen, dass er es in dieser Zeit umgekrempelt hätte. Er ist behutsam vorgegangen. Nach außen hin blieb alles beim Alten. Aber man wusste: Hinter den Kulissen war alles in Bewegung. Fieberhaft wurde an der großen Maßnahme gearbeitet, die das Unternehmen auf einen Schlag verändern würde.

In den letzten Monaten hatten Wirtschaftsjournalisten und Analysten erste Anzeichen von Unruhe erkennen lassen. Aber Dietiker ließ sich nicht beirren. Wenn er die in ihn gesetzten Erwartungen erfüllen will, müssen die Maßnahmen greifen. Später kräht kein Hahn danach, wie viel Zeit er gebraucht hat, sie zu treffen.

Um Viertel nach neun geht die Nachricht durchs Haus, das für die Technik verantwortliche Team sei im großen Sitzungszimmer eingetroffen. Um halb zehn wird Kühner gesehen, wie er den Lift ins Untergeschoss zwei nimmt, wo sich die Haustechnik befindet. Um Viertel vor zehn fährt ein Lieferwagen der Bäckerei Kurz vor. Der Chauffeur trägt ein verpacktes Tablett, wahrscheinlich Frühstücksgebäck.

Kurz vor zehn meldet die Telefonistin, Dietiker habe sich mit seiner Frau verbinden lassen. Quälende acht Minuten später bestätigt Frau Kraus vom Personalrestaurant (sie ist für die Sitzungsgetränke zuständig) den Beginn der Sitzung mit vierminütiger Verspätung.

Eine angespannte Stille breitet sich aus in den vierzehn Stockwerken. Niemand kann sich auf seine Arbeit konzentrieren. Alle haben nur einen Gedanken: Wird sie beschlossen, die Maßnahme? Und wie sieht sie aus?

Die Sitzung zieht sich hin bis vierzehn Uhr zwanzig. Dann ist es offiziell:

Mit Wirkung vom fünfzehnten Oktober dieses Jahres, generalstabsmäßig organisiert, erhält das Gesamtunternehmen zeitgleich ein total neues Signet!

Versäumter Anruf

Mitten im Gespräch mit Stutz spielt Zieglers Smartphone den Anfang von Dire Straits' »Why Worry«, seinen momentanen Klingelton. Ohne die Miene zu verziehen, fasst Ziegler in die Brusttasche und schaltet auf Stumm.

Aber seine Konzentration ist futsch. Zuerst, weil er sich ärgert, dass ihm das ausgerechnet mit Stutz passieren muss. Ausgerechnet mit Stutz, den er einmal hatte fragen hören: »Ist der wichtig oder erreichbar?«

Und dann beginnt ihn die Frage zu quälen, wer es wohl war, der ihn angerufen hat. Je länger das Gespräch mit Stutz sich hinzieht, desto dringender wird das Bedürfnis, das Smartphone aus der Brusttasche zu holen und einen ganz kurzen Blick auf das Display zu werfen.

Das ist ja einer der Vorteile eines Smartphones: Man braucht es nicht nur zum Telefonieren. Es ist unter anderem auch eine Agenda. Ziegler könnte es ganz beiläufig aus der Tasche fischen und einen Termin nachsehen.

Während des weiteren Verlaufs der Unterredung versucht er, das Gespräch auf das Thema Termin zu bringen. Aber Stutz ist heute strategisch drauf. Es sind die großen Zusammenhänge, die ihn beschäftigen, die langfristigen Ziele.

So hängt Ziegler an Stutz' Lippen, während dieser tiefsinnig über die unternehmenspolitischen Megatrends philosophiert, und stellt im Geiste eine Liste der Personen auf, die

Grund hätten, ihn gerade jetzt anzurufen. Diese fasst er nach Wahrscheinlichkeit in drei Gruppen zusammen, und diese wiederum gliedert er nach Wichtigkeit. Schon nach kurzer Zeit befinden sich in der Gruppe der größten Wahrscheinlichkeit die Anrufer mit der höchsten Wichtigkeit.

Stutz entfernt sich immer mehr von den Themen, die einen Griff nach dem Smartphone auch nur annähernd rechtfertigen würden.

Vielleicht könnte Ziegler wie in Gedanken in die Brusttasche greifen, als hätte sich seine Hand selbständig gemacht und suche einen Zeitvertreib, während die Erwachsenen reden.

Er lässt die Hand über seine Krawatte streichen, gönnt ihr eine Pause auf dem Bauchansatz und hindert sie schließlich nicht daran, sich unbemerkt in Richtung Brusttasche wegzuschleichen.

Plötzlich merkt er, dass es still geworden ist. Stutz schaut ihn fragend an und hat die Agenda vor sich aufgeschlagen. »Oder lieber der Neunte? Elf Uhr? Sandwichlunch?«

Zieglers Hand greift sich das Smartphone. »Anruf versäumt« steht auf dem Display. Eine Nummer. Kein Name.

Weitere fünf Minuten vergehen mit der Terminabstimmung und weitere mit der weit ausholenden Zusammenfassung des Besprochenen durch Stutz, bis Ziegler sich endlich verabschieden und auf dem Weg in sein Büro die Nummer des versäumten Anrufs studieren kann.

Nicht nur, dass sein Smartphone sie nicht erkannt hat, auch ihm selbst kommt sie nicht bekannt vor. Und der Anrufer (oder die Anruferin?) hat auch keine Nachricht hinterlassen. Wahrscheinlich falsch verbunden. Falls nicht, sagt er sich beim Betreten seines Büros, wird der Anrufer es später nochmals versuchen. Ziegler setzt sich an seinen Schreibtisch und versucht, sich auf seine Pendenzen zu konzentrieren.

Im Zuge der Sparmaßnahmen der Unternehmensleitung der Tamedia AG* erscheint diese Kolumne in Zukunft zeitweise ohne Schlusspointe.

* Tamedia AG ist das Unternehmen, das unter anderem *Das Magazin* herausgibt, in dem die Kolumne erschien. (Anmerkung des Verlags)

So ein Tag

Nie hätte Deuber geglaubt, dass er sich je wieder so fühlen könnte wie heute. Nicht nach allem, was er durchgemacht hat.

Zuerst ist er der Coming Man. Die REOTRAD lässt ihn von einem Headhunter bei kallman&frey abwerben. Roter Teppich, Abendessen im ›Barceloneta‹ mit dem CEO etc. Nach sechs Monaten ist er der Protegé von Christen, der Number Two, hilft ihm bei der Restrukturierung, macht die heiklen Sachen für ihn. In weniger als einem Jahr wird er zweimal befördert. Wenn Christen die Number One wird, woran niemand zweifelt, wird es nicht lange dauern, bis Deuber die Number Two ist.

Und plötzlich ist Christen weg vom Fenster. Niemand weiß genau, warum. Unüberbrückbare unternehmensstrategische Auffassungen. Was genau, kann niemand sagen. Deuber sieht Christen zwar einmal zufällig in einem Schnellimbiss in der Nähe des Hauptsitzes, aber er winkt ihm nur von weitem zu und tut, als wäre er verabredet. Es wäre nicht günstig, jetzt in Gesellschaft von Christen beobachtet zu werden.

Keine zwei Wochen nach Christens Verschwinden sitzt Benninger an dessen Schreibtisch. Kein Mensch weiß, wo die den ausgegraben haben. Dass er so kurzfristig zur Verfügung steht, kann nur zweierlei bedeuten: Entweder er war gerade ohne Job. Oder der Coup war von langer Hand vorbereitet.

Benninger tut, was jeder an seiner Stelle tun würde: Er belässt erst mal alles beim Alten und schaut zu.

Deuber konzentriert sich darauf, keinen Fehler zu machen. Was für den Protegé des Vorgängers keine einfache Sache ist. Aber Deuber schafft es. Schon bald wird er ab und zu mit der neuen Number Two in besagtem Schnellimbiss in der Nähe des Hauptsitzes beobachtet. Und es dauert nicht lange, da hilft er Benninger bei der Restrukturierung und macht die heiklen Sachen für ihn.

Und dann, als die Restrukturierung erfolgreich über die Bühne gegangen ist, wird Deuber selbst zur heiklen Sache. Der einzigen, die Benninger selber übernimmt. Badge abgeben, Büro räumen und tschüs. Neun Monate freigestellt.

Der gleiche Headhunter, der ihn damals abgeworben hat, versucht ihn jetzt unterzubringen. Deuber feilt an seinem Curriculum, durchläuft drei Assessments, besucht einen Meditationskurs, kauft sich einen fünfundzwanzigteiligen Holzbildhauersatz im Luxus-Buchenholzkoffer, schnitzt mehrere Eulen, eine trinkende Giraffe und eine Kopie von Dürers betenden Händen, bei welcher Gelegenheit er die Hälfte des obersten Gliedes des rechten kleinen Fingers verliert.

Nach Ablauf der Freistellung hat ihn der Headhunter noch immer nicht untergebracht, und Deuber beginnt zu stempeln.

Das tut er jetzt seit einem halben Jahr. Die Kinder gehen ihm aus dem Weg, und gegenüber seiner Frau hat er schon mehrmals den Verdacht geäußert, sie wolle nur, dass er so bald wie möglich wieder einen Job hat, damit sie ihn ohne schlechtes Gewissen verlassen könne.

Und trotz alledem geht es ihm heute blendend. Er scherzt mit den Kindern, er singt in der Dusche, er küsst seine Frau beim Abtrocknen, er kocht thailändisch, er verrichtet Gartenarbeiten und genießt den Duft der frischgeharkten Erde. Kurz: Deuber ist glücklich.

Dabei hat er noch immer keinen Job gefunden.

Aber Benninger hat seinen los. Badge abgeben, Büro räumen und tschüs.

Dätwilers Challenge

Dätwiler hat schon viele Chefs kommen und gehen sehen. Keiner von ihnen hat seiner Karriere geschadet. Aber weitergebracht hat ihn auch keiner. Bestimmt liegt es an seiner Taktik, sich unsichtbar zu machen, wenn auf der Führungsetage Bewegung entsteht. Er weiß in seinem Innersten, dass er entbehrlich ist. Deswegen benimmt er sich vorsorglich so, als wäre er gar nie da gewesen.

An den wenigen Sitzungen unter Honeggers Leitung, zu denen er aufgeboten ist, spricht er nur, wenn er angesprochen wird, und verhält sich so, dass ihn niemand anspricht. So gelingt es Dätwiler, sich in den gefährlichsten ersten Wochen von Honeggers Herrschaft in nichts aufzulösen.

Bis zu dem Tag, an dem der Lehmacher P4P geliefert wird, der Rolls-Royce unter den Kickertischen.

Dätwiler hat unter seinen vielen Chefs schon viele Versuche erlebt, den Kader zu motivieren und zusammenzuschweißen. Er hat Orientierungsläufe mitgemacht, Qi-Gong-Wochenenden, makrobiotische Kochkurse, Community Days und Casual Fridays. Immer ist es ihm gelungen, mitzumachen und trotzdem nicht aufzufallen. Aber ob er sich im Tischfußball zurückhalten kann? Im Tischfußball macht ihm nämlich so schnell keiner etwas vor. Er war Turnierspieler. Bestmarke 1761 Punkte. Sieger der Challenge-Turniere im Restaurant Jäger 1982 und 1983! Und heute noch, wenn er auf einem Sonntagsspaziergang mit der Familie zufällig in einer Kneipe mit Kickerkasten Rast macht, zieht es ihn manchmal an die Stangen. Sein Wrist-Flick kann sich immer noch sehen lassen. Nur sein Passspiel von der 5er- zur 3er-Reihe hat in all den Jahren etwas an Präzision eingebüßt.

Dätwiler ist nicht sicher, ob er sich bei einer eventuellen Motivation durch Tischfußball die Unsichtbarkeit bewahren könnte.

Der P4P kommt in die Cafeteria. Seine Hoffnung, Honegger habe den Kasten nur zum Beweis seiner führungstechnischen Aufgeschlossenheit angeschafft, zerschlägt sich schon am zweiten Tag. Dätwiler geht zu seiner üblichen Zeit – kurz nach drei, wenn kein Mensch in der Cafeteria ist – zu seinem Nachmittagsespresso und wird Zeuge eines Tischfußballmatchs zwischen Gerber vom Controlling und Honegger. Gerber lässt die Stangen spulen wie ein Anfänger und ist chancenlos gegen Honegger, der immerhin den Ball blockieren und einen passablen Pull-Shot ausführen kann.

Gerade als Dätwiler sich unauffällig wieder verziehen will, gewinnt Honegger das Spiel zu null und ruft ihm zu: »Auch Lust auf ein Spielchen?«

Während der nächsten Minuten verspielt Dätwiler seine ganze jahrelang erarbeitete Unauffälligkeit. Noch ehe er sich den ersten karrieretaktischen Gedanken machen kann, führt er fünf zu null und steht mit pfannenfertig geklemmtem Ball vor Honeggers nervösem Torwart. Wenn er den versenkt – und wie soll er ihn nicht versenken? –, hat er gewonnen.

Wahnsinnig geworden? Dem neuen Boss als derjenige in Erinnerung bleiben, der ihn beim Tischfußball gedemütigt hat?

Es gelingt Dätwiler, den Ball zu verlieren, ohne dass dieser ins Tor rollt. Und er schafft es, seine Reflexe so zu unterdrücken, dass keiner seiner Spieler während des weiteren Spielverlaufs auch nur einen einzigen Ballkontakt hat. Das Spiel endet sechs zu fünf für Honegger.

Und bestätigt diesen wieder einmal in seiner Theorie, dass Tischfußball noch immer die beste Evaluationsmethode ist, um die Winner von den Losern zu trennen.

Vorbild Burgener

Genau so hat es sich Burgener vorgestellt. Ganz zum Schluss der Sparsitzung SLIM, wenn alle schon dabei sind, ihre Unterlagen zu bündeln, und Frau Ebner das Fenster aufreißt, sagt er: »Ach, und übrigens, ich verzichte ab sofort auf zehn Prozent.«

»Zehn Prozent wovon?«, fragt Bräm.

Burgener steht jetzt auf und schiebt seinen Sessel an die Tischkante. »Meines Gehalts, natürlich. Danke, meine Herren.« Er verlässt mit elastischen Schritten das Sitzungszimmer, ist eine Minute später im Büro und wartet auf den ersten Anruf.

Der lässt über zwanzig Minuten auf sich warten. Und – zweite Überraschung – ist nicht von Bräm, sondern von Griesser. »Ist das Teil von SLIM?«, erkundigt der sich. Er klingt besorgt.

»Nicht offiziell«, beruhigt ihn Burgener, »es ist mehr ein freiwilliger Beitrag. Als Beweis dafür, dass ich nicht nur Opfer verlange, sondern auch bereit bin, selber welche zu erbringen.«

»Chapeau!«

»Aber bitte: nicht an die große Glocke, ja?«

Der Erste, der persönlich bei ihm vorspricht, ist Hegner, dieser Schleimer. Er habe übers Wochenende die Sache mit Anni besprochen, und sie seien zum Schluss gekommen:

Doch, ja, selbst bei allen Belastungen durch den Hausbau und die schulischen Probleme des Mittleren – zehn Prozent, das müsse irgendwie zu schaffen sein. Sie hätten in ihrem Haushaltsbudget ein paar Streichpositionen gefunden, vornehmlich im Freizeit- und Ferienbereich.

Burgener nimmt das Opfer unter Protest an und dankt Hegner im Namen des Gesamtunternehmens und der Aktionäre.

Am nächsten Tag stürmt unangemeldet Locher in Burgeners Büro. Er kommt sofort zum Punkt: Er finde Burgeners Geste bewundernswürdig, sehe sich aber außer Stande nachzuziehen und bitte dafür um Verständnis.

Burgener wehrt ab. Auf keinen Fall habe er mit seinem Lohnverzicht Druck auf das Management machen wollen. Es sei auch nicht so aufgenommen worden – außer Hegner sei bisher niemand seinem Beispiel gefolgt.

Es dauert keine Stunde, bis Knabenhans auftaucht. Knabenhans ist Hegners heißester Konkurrent im Rennen um die Nachfolge von Bräm (falls das Gerücht stimmt, dass dieser an die Zentrale versetzt wird). Locher muss ihm brühwarm von Hegners Lohnverzicht erzählt haben. Er bietet Burgener zwölf Prozent an. Burgener begnügt sich mit zehn.

Am gleichen Nachmittag wird er von Bräm auf dem Korridor gefragt, ob er heute Zeit für einen Aperitif habe. Sie verabreden sich im ›Red Horse‹. Dort erklärt ihm Bräm bei einem Campari, weshalb er mit diesem Lohnverzicht ein falsches Zeichen setze. Beim dritten Campari verzichtet er dann seinerseits auf zehn Prozent.

Von jetzt an geht es schnell. Noch ehe die Woche um ist,

hat Burgener das Management (minus Locher), die erweiterte Geschäftsleitung und die Abteilungsleiterkonferenz im Boot. In der folgenden Woche melden sich die ersten Freiwilligen aus der Prokuristenebene. Diesem Druck hält auch Locher nicht stand und schließt sich – ausdrücklich auf ein Jahr beschränkt – der Bewegung an.

Bei Monatsende ist Burgeners Lohnverzicht von 63000 brutto auf eine Personalkosteneinsparung von 930000 plus Lohnnebenkosten angewachsen. Das Filetstück von SLIM.

Eine Performance, die Burgener von der Konzernleitung mit einem Zusatzbonus von 250000 honoriert wird.

Termin mit Spillmann

»Woche vierundzwanzig, Woche vierundzwanzig, Moo-ment, Moooo-ment, hier, tjaaa-tiatiatia, nicht gut, oioioi, gar nicht gut. Sorry.« Spillmann klemmt den Hörer mit der Achsel an sein Ohr und blättert stirnrunzelnd in der Woche vierundzwanzig.

»Macht nichts«, sagt Kirchner, »wir finden schon was, wie wär's mit Woche, nein, Woche fünfundzwanzig nicht. Woche fünfundzwanzig ist eine einzige Katastrophe. Außer sehr früh am Morgen, so, wie die Woche fünfundzwanzig aussieht, muss ich sowieso immer um sechs Uhr auf der Matte stehn, wenn ich überhaupt noch ein paar Pendenzen vom Tisch kriegen will. Dienstag zum Beispiel, sechs Uhr dreißig.«

»Fünfundzwanzig, fünfundzwanzig ... nein, alle Frühtermine besetzt, außer Samstag, aber samstags um die Zeit bin ich eigentlich auf dem Rad, es sei denn, ich kürze das Pensum ausnahmsweise auf dreißig Kilometer runter.«

»Samstag früh ließe sich einrichten. Einfach nicht zu spät, damit ich zum Frühstück zurück bin. Das Wochenende gehört der Familie. Im Prinzip.«

»Wie sieht es denn bei Ihnen in der Woche sechsundzwanzig aus?«, erkundigt sich Spillmann, der nicht mit Kirchners Einlenken auf den Samstagsvorschlag gerechnet hat.«

»Zum Beispiel?«

Ein Beispiel gibt Spillmann nicht gerne. Damit gäbe er zu, dass er in der Woche sechsundzwanzig einen freien Termin hat. »Nichts Bestimmtes. Aber ich könnte da vielleicht etwas schieben.«

»Mhm. Mhm... Mhm. Von wo nach wohin könnten Sie schieben?«

Spillmann sieht sich gezwungen zu sagen: »Donnerstag oder Freitag im Randstundenbereich.«

»Was sind für Sie Randstunden?«

»So ab zwanzig Uhr.«

»Sie Glücklicher!«

Spillmann könnte sich die Zunge abbeißen. »Jedenfalls in der Woche sechsundzwanzig. Danach sieht es wieder böse aus.« Er versucht möglichst lautstark zu blättern.

»Bei mir auch. Bei mir geht es erst in der Achtundzwanzig wieder.«

»Bei mir erst in der Neunundzwanzig.«

Kirchner überrumpelt ihn. »Mittwoch? Lunch? Essen muss der Mensch.«

Spillmann gibt sich mit einem schwachen »Da kann ich was canceln« geschlagen.

Kaum hat er aufgelegt, macht er sich Vorwürfe. Er hat sich von Kirchner einen Termin aufzwingen lassen. Als hätte er den lieben langen Tag nichts zu tun, als auf einen Termin von Leuten wie Kirchner zu lauern. Als würde er seinen Stundenplan nach den Kirchners dieser Welt richten.

Er wird gleich nochmals anrufen und den Termin verschieben. Lesefehler. Kommunikationsfehler mit dem Backoffice. Synchronisationsfehler zwischen der elektronischen und seiner von Hand geführten Agenda.

Oder nein, nichts, das so desorganisiert wirkt. Lieber höhere Gewalt. Ein wichtiger Termin. Hereingeschneit. Unvorhersehbar. Konzernebene. Holdingbedingt. International koordiniert.

Gerade als er zum Hörer greift, klingelt das Telefon. »Herr Dr. Kirchner«, meldet seine Sekretärin.

Spillmann sagt, er sei natürlich besetzt, und legt auf. Kurz darauf kommt seine Sekretärin und holt sich seine Agenda. Eine Minute später folgt ihr Spillmann.

Er hört sie gerade noch sagen: »Woche achtundzwanzig? Auch alles frei. Außer Mittwochabend. Nordic Walking Schnupperkurs.«

Unterwegs mit Stauffer

Stauffer sitzt im Fond des Mercedes Diesel mit seinem alten Executive Case auf den Knien. Das ist der Grund, weshalb er die Designer-Ledertasche nicht benutzt, die ihm seine Frau zum Vierzigsten geschenkt hat: Sie ist zu weich als Schreibunterlage. Er sitzt also da und geht den hirnverbrannten Budgetantrag seines Marketingleiters durch. 4,65 Mio für eine antizyklische nationale Imagekampagne!

Das Taxi bremst brüsk und kommt am Ende einer vor einem Lichtsignal wartenden Kolonne zu stehen. Stauffer rutscht der Waterman aus, ein Punkt gerät ihm zum Ausrufezeichen, und eine wütende Unterstreichung rutscht ihm etwas zu hoch hinauf. Er wirft dem Fahrer einen Blick durch den Rückspiegel zu. »Ich wäre Ihnen dankbar, wenn Sie etwas weniger ruckartig fahren würden«, bemerkt er.

»Ruckartig?«, fragt der Fahrer. »Ich? Ruckartig?«

Stauffer ignoriert ihn und konzentriert sich wieder auf seine Unterlagen.

Das Licht wechselt auf Grün. Der Fahrer wartet, bis der Wagen vor ihm zehn Meter Vorsprung hat, und steht aufs Gas.

Stauffer schaut kurz auf. Seine Augen begegnen denen des Fahrers im Rückspiegel. »Zu ruckartig?«, erkundigt sich dieser.

Stauffer lässt sich nicht provozieren.

»Ruckartig«, wiederholt der Fahrer kopfschüttelnd. Und als Stauffer immer noch nicht reagiert: »Ruck –! Ar –! Tig –!« Bei jeder Silbe tippt er kurz die Bremse an.

Stauffer tut, als sei er voll auf seine Arbeit konzentriert.

»Wissen Sie, wie lange ich schon Taxi fahre?«, fragt der Fahrer.

Stauffer antwortet nicht.

»Sieb –! Zehn –! Jah –! Re –!« Diesmal tippt er bei jeder Silbe kurz das Gaspedal an.

Stauffer überlegt sich, ob er die Fahrt beenden und ein anderes Taxi nehmen soll. Aber in diesem Moment beginnt es zu regnen.

Der Fahrer schaltet die Scheibenwischer ein. »Geht das so, oder sind Ihnen die auch zu Ruck –! Ar –! Tig –!?«, erkundigt sich der Fahrer und macht bei jeder Silbe einen kleinen Schlenker.

»Passen Sie doch auf. Die Straße ist nass!«

»Sie meinen, wegen A –! Qua –! Pla –! Ning –!« Gas, Stopp, Gas, Stopp.

Stauffer schweigt.

»Das ist ein halböffentliches Verkehrsmittel, keine Schreibstube. Da kann es schon einmal einen kleinen Ruck! Ruck! Ruck! geben.«

Stauffer gibt auf. Er steckt den Budgetantrag in sein Klarsichtmäppchen zurück, legt es in den Executive Case und lässt dessen Deckel zuschnappen.

»Das war jetzt aber auch Ruck –! Ar –! Tig –!« Der Fahrer reißt das Steuer nach links und nach rechts und zurück.

Den Rest der Strecke legt er mit überhöhter Geschwindigkeit zurück. Vor dem Eingang von Stauffers Firma macht er eine Vollbremsung.

Stauffer bezahlt die Fahrt ohne einen Rappen Trinkgeld. »Und eins fünfundneunzig Zu –! Ruck –!«, mault der Fahrer. Kaum ist Stauffer ausgestiegen, fährt das Taxi mit quietschenden Reifen davon.

Stauffer schwört sich, nie mehr einen Taxifahrer wegen seines Fahrstils zu kritisieren, und vergisst den Zwischenfall.

Eine Woche später sitzt der Marketingleiter mit dem Management seiner Werbeagentur im teuersten Restaurant der Stadt und feiert den Meinungsumschwung seines CEOs.

Immer wieder macht das Dokument die Runde. Der original Budgetantrag mit Stauffers handschriftlichem Vermerk: ~~Abgelehnt!~~

Niederlande – Argentinien

Okay, karrieretechnisch war es vielleicht nicht ideal. Die meisten Leute hätten anders reagiert, wenn ihr oberster Boss sie angerufen und gesagt hätte: »Ich weiß, es ist etwas kurzfristig, aber wenn Sie heute Abend nichts Gescheiteres vorhaben, würden meine Frau und ich uns freuen, Sie und Ihre Frau bei uns begrüßen zu dürfen. Nichts Besonderes, ein paar Bekannte, die um den Grill herumstehen und hoffen, dass es nicht regnen wird. Very casual.«

Die meisten Leute hätten ohne Zögern zugesagt, vor allem, wenn es sich, wie in diesem Fall, um die erste private Einladung des Mannes gehandelt hätte, der sie mit einem Federstrich in die Führungsetage oder an die Luft befördern kann. Selbst während der Fußball-WM hätten sie zugesagt. Selbst am Abend, an dem Holland gegen Argentinien spielt.

Geissmanns Kopf hatte ja sagen wollen: »Sehr gerne, das trifft sich gut, wir haben nichts vor, und unser Babysitter, soviel ich weiß, auch nicht. Sollen wir etwas mitbringen?« Aber sein Bauch hatte gesagt: »Oh, wie schade, ausgerechnet heute, wo uns Langs in die Oper eingeladen haben!«

Dass das ein Fehler gewesen war, hatte Geissmann schon an Benders Reaktion gemerkt. »Ach, mit Langs?«, hatte er geantwortet und aufgelegt. Es hatte pikiert geklungen. Fast so, als hätte er sagen wollen: »Wenn Ihnen die Langs wichtiger sind als wir...«

Wie er auf den Namen Lang gekommen war, ist ihm klar. Mit Alfred Lang vom Marketing ist er tatsächlich verabredet. Mit ihm wird er heute Abend das Match schauen. Mit Fernsehsnacks und ein paar Flaschen Bier, wie es sich gehört. Aber Oper? Geissmann selbst war seit *Peterchens Mondfahrt* nie mehr im Opernhaus, und ob Lang etwas mit Oper am Hut hat, wird er ihn heute Abend fragen müssen. Falls er nicht doch noch absagt.

Einen Moment überlegt sich Geissmann nämlich, mit welcher glaubwürdigen Begründung der Opernbesuch ins Wasser gefallen sein könnte. Eine Unpässlichkeit des Tenors? Sagt man da Opern ab, oder verfügen die über Ersatztenöre?

Nach kurzer Zeit verwirft Geissmann die Option, die Absage der Spontaneinladung rückgängig zu machen. Er wird Bender durch Leistung beeindrucken, nicht durch bedingungslose Verfügbarkeit an Abenden, an denen wichtige WM-Spiele ausgetragen werden.

Nur Rita darf er nichts von der Sache sagen. Dass er einen Fußballabend einer Gartenparty bei Benders vorgezogen hat, würde sie ihm nicht verzeihen. Nicht nach allen Opfern für seine Karriere, die er von ihr immer wieder verlangt. Kommt dazu, dass es ihr Bild vom Fußball als Wurzel allen Übels noch verfestigen und ihre Toleranz gegenüber seinen Fernsehgewohnheiten in den nächsten Wochen weiter reduzieren würde. Nein, für Rita hat Benders Anruf nie stattgefunden.

Geissmann hakt die Sache ab und nimmt sich den Bericht zum Manchester-Projekt vor. Dieser ist zwar erst in drei Wochen fällig, aber wenn er Bender durch Performance beeindrucken will, dann ist den Bericht zum Manchester-Projekt frühzeitig abgeben ein verdammt guter Anfang. Er verbarrikadiert sich in seinem Büro und verlässt es erst, als in den Gängen schon die Staubsauger zu jammern aufgehört haben. Erst kurz vor dem Anpfiff trifft er zu Hause ein.

Die Miene, mit der Rita ihn empfängt, ist noch vorwurfsvoller als an andern Fußballabenden. »Alfred Lang hat abgesagt.«

»Ach, wieso?«

»Weshalb sind eigentlich wir nie spontan zu einer Gartenparty bei Benders eingeladen?«

Bewerber Leimgruber

Seit drei, streng genommen vier Jahren fehlt es Leimgrubers Karriere etwas an Dynamik. Das hat er sich zum großen Teil selbst zuzuschreiben, denn er hat sich in den Jahren der unsicheren Wirtschaftslage betont unauffällig verhalten. Je weniger man in solchen Situationen macht, desto weniger macht man falsch.

Aber jetzt, wo die Wirtschaft sich langsam erholt, scheint ihm der richtige Zeitpunkt für einen Relaunch seiner Karriere gekommen. Er beginnt den Stelleninseraten wieder Beachtung zu schenken und mit dem Gedanken zu liebäugeln, sich da oder dort zu bewerben. Und sei es auch nur im Sinne einer Standortanalyse.

Dabei stößt er auf das Inserat einer Personalberatung, die sich auf Karriereberatung und Bewerbungsmanagement spezialisiert hat. Vielleicht, denkt er, wäre es ratsam, sich nach einer so langen Bewerbungspause vorsichtshalber professionell beraten zu lassen.

So kommt es, dass er sich eines Tages im Büro von Chris T. Reber wiederfindet, einem rundlichen Mann mit handgebundener Fliege, der angewidert Leimgrubers Dossier liest und sich dazu Notizen auf einem Vordruck macht, der den Titel »Leimgruber, Modul 1« trägt.

Nach schätzungsweise zehn Minuten – Leimgruber traut sich nicht, auf die Uhr zu schauen – legt Reber das Dossier mit spitzen Fingern beiseite und schaut Leimgruber prüfend an. Als suche er vergeblich nach einer Ähnlichkeit zwischen dem, was er soeben gelesen hat, und dem, was er hier vor sich sitzen sieht.

»Ich glaube«, sagt er nach einer kleinen Ewigkeit, »aus Ihnen lässt sich mehr machen.«

Sie einigen sich auf vier Module à zwei Stunden à zweihundertsechzig Franken und beginnen sogleich mit der Standortanalyse. Wer ist dieser Leimgruber? Was sind seine Stärken? Was seine Schwächen? Wie sieht er sich? Wie sehen ihn andere?

Bereits das Stärken-/Schwächenprofil erweist sich als harter Brocken. Die Aufzählung der Stärken lässt nicht mehr genug Zeit für die Schwächen übrig, und sie einigen sich darauf, diesen Teil auf das zweite Modul zu verlegen. Was laut Reber den Vorteil habe, dass er dazu seine Frau hinzuziehen könne. Genau wie bei der Eigen-/Fremdbildanalyse. Wie sehe ich mich? Wie sehen mich andere?

Ein Vorteil, nebenbei, der Leimgrubers ohnehin schon krisenanfällige Ehe in den Grundfesten erschüttert. Aber darüber ein andermal.

Das zweite Modul erweist sich dann als gerade lang genug für die Abrundung der Standortanalyse und deren Anwendung auf die Laufbahnberatung. Wo stehe ich? Wo will ich hin? Wie setze ich mein Potential optimal ein etc. Bereits jetzt meldet Reber eine mögliche Ausdehnung der Beratung auf sechs, höchstens acht Module an.

Es werden schließlich zehn. Allein die gemeinsame Überarbeitung des Dossiers entwickelt sich zur fundamentalen Totalsanierung und nimmt zwei Module in Anspruch. Und als das Resultat im fünften Modul anlässlich des ersten Rollenspiels auf dem Schreibtisch von Reber (in der Rolle des Entscheidungsträgers) liegt, merken sie, dass Leimgruber mental noch überhaupt nirgends ist.

Noch zehn Stunden à zweihundertsechzig Franken schleift und poliert Reber seinen Schützling rhetorisch, körpersprachlich und mental, dann erklärt er ihn für fit für die Bewerbungsphase.

Die erste Bewerbung läuft denn auch glänzend. Leimgruber verlässt den Raum mit einem hervorragenden Gefühl.

Und der Entscheidungsträger sagt nachher zu seinem Assistenten anerkennend: »Für den Job ist der unbrauchbar, aber als Bewerber ist er super.«

Eigenbild/Fremdbild

Schläfst du schon?«

»Natürlich nicht, es ist ja erst halb zwei.«

»Tut mir leid. Ich dachte, du könntest mir bei etwas helfen.«

»Kann das eventuell auch morgen sein?«

»Klar.« Leimgruber legt den Fragebogen, den er mit ins Bett gebracht hat, auf den Nachttisch und löscht das Licht. Er tut das mit einem so enttäuschten Gesichtsausdruck, dass Barbara ihr Leselicht einschaltet und sagt: »Dann gib halt her.«

Er reicht ihr das Blatt. Es trägt den Titel »Selbsteinschätzung/Fremdeinschätzung«.

»Und was soll ich jetzt tun?«

»Die Spalte ausfüllen. Unter ›Fremdeinschätzung‹. Einfach Kreuze machen unter den Zahlen eins bis fünf.«

»Und was bedeuten die Zahlen?«

»Eins heißt: trifft außerordentlich zu. Zwei sehr, drei ziemlich, vier weniger. Und fünf heißt: trifft nicht zu.«

»Und wozu soll das gut sein?«

»Für die Standortanalyse. Wie sehe ich mich, wie sehen mich andere. Das braucht man für das Bewerbungsmanagement. Nachher vergleichen wir.«

Barbara macht sich an die Arbeit. Schon beim ersten Stichwort überlegt sie lange. »Und es ist egal, wenn es nicht mit deiner Bewertung übereinstimmt?«

»Klar.«

Barbara macht ihr erstes Kreuz.

Sofort beugt sich Leimgruber zu ihr herüber. »Vier?«, fragt er. »Bei ›Planer‹? Das heißt ›trifft weniger zu‹.«

»Ich weiß. Du hast gesagt, es sei egal, wenn es nicht mit deiner Bewertung übereinstimmt.«

»Gewisse Abweichungen, habe ich gemeint. Aber nicht so krass. Ich habe dort eine Eins. Du könntest wenigstens eine Drei geben, für ›trifft ziemlich zu‹.«

»Finde ich aber nicht.«

»Ach ja? Du findest also, ich sei planerisch schwach?«

»Ich finde, du bist ein Chaot.«

»Interessant. Und wie belegst du das, wenn ich fragen darf?«

»Zum Beispiel dadurch, dass du nachts um halb zwei Fragebogen ausfüllst.«

»Warum gibst du mir dann für ›Planung‹ nicht gleich eine Fünf?«

»Stimmt. Warum eigentlich nicht?« Sie radiert das Kreuz unter der Vier aus und setzt eines unter die Fünf.

»Herzlichen Dank!«, zischt Leimgruber.

»Dann füll's doch selber aus, und lass mich schlafen.«

»Okay, okay. Nächstes Stichwort.«

Barbara überlegt. »Darf ich fragen, was du dort hast?«

Er schaut auf seinen Bogen. »Wenn ich bei ›Planer‹ eine Eins habe, kann ich bei Organisator wohl schlecht davon abweichen.«

»Eben«, sagt Barbara und macht ein Kreuz unter die Fünf.

»Vergiss es, es hat keinen Sinn. In dieser Stimmung kannst du keine objektiven Resultate liefern.«

»Und wie! Oder soll ich einen, der um halb zwei seine Frau weckt, damit sie ihm einen idiotischen Fragebogen ausfüllt, als Organisationsgenie bezeichnen?«

»Weißt du, warum ich das in der Nacht machen muss? Weil ich den ganzen Abend durch mein Scheißfamilienleben von der Arbeit abgehalten werde!«

»Ach ja? Vor dem Scheißfernseher hocken und Scheißfußballspiele schauen bezeichnest du also als deinen Beitrag zum Scheißfamilienleben? Willst du einmal die Scheißfremdeinschätzung davon hören?«

Damit endet fürs Erste die gemeinsame Arbeit an der Eigen-/Fremdbildanalyse in der Familie Leimgruber.

Eine späte Erkenntnis

Es ist die schönste Zeit im ›Goldenen Ochsen‹: Der Duft der Mittagsmenüs hat sich verzogen, außer Diego, der tief in Gedanken hinter dem Büfett die Kalkflecken vom Besteck poliert, sind alle in der Zimmerstunde, die Sonne scheint schräg durch die Gardinen und beleuchtet den Rauch über Tisch vier von den Zigarren von Brenner und Kirchhofer, den einzigen verbliebenen Gästen.

Die beiden alten Werber kennen sich seit vielen Jahren. Sie haben unzählige Präsentationsschlachten gegeneinander geführt, sich mit allen Tricks die Kunden abgejagt und sich an den Branchenanlässen gemeinsam betrunken. Heute hatten sie im ›Goldenen Ochsen‹ an verschiedenen Tischen Kunden bewirtet, sich kurz begrüßt und diskret für später zum Kaffee verabredet. Kirchhofer hatte eingedenk der alten Zeiten zwei Armagnac hors d'age bestellt und Brenner die dazu passenden Cohibas. Eine gute Stunde haben sie von den alten Zeiten gesprochen, und jetzt sitzen sie stumm vor ihren Schwenkern und schauen tief in Gedanken dem grauen Rauch der Zigarren nach, der über ihren Köpfen grell ein schmales Band Sonnenlicht durchquert.

»Wie das Husten eines Schmetterlings«, sagt Kirchhofer mit wehmütigem Lächeln. »Oder war es Schluckauf?«

Brenner lächelt auch. »Nicht mehr als das kann die Werbung bewegen, hatte der große Gossage gesagt.«

»Damals konnte man das den Kunden noch verraten. Heute ist es das strengstgehütete Geheimnis der Wirtschaft.«

»Früher war der Sinn einer Werbekampagne, dass der Generaldirektor beim Rotary Lunch zu hören bekam: ›Sauglatte Reklame, Sepp, die du da machst.‹ Und heute müssen wir tun, als stellten wir etwas Messbares her. Wie Ziegelfabrikanten.«

»Nein, es macht keinen Spaß mehr.« Kirchhofer senkt seine Nase in den leeren Schwenker und zieht tief den Duft von früher ein.

Kirchhofer sagt: »Damals hätten wir noch einen bestellt.«

Als Hommage an damals winkt Brenner mit seinem leeren Glas zu Diego hinüber, der hier schon servierte, als die Werbung noch Spaß machte. »Wenn du früher einem Kollegen sagtest, ›deine soundso Kampagne ist scheiße‹, dann hat der ein paar Monate nicht mehr mit dir gesprochen. Heute sagt er: ›Stimmt, aber weißt du, wie viel Income sie mir bringt?‹«

Diego bringt die Armagnacs. Sie prosten sich zu, nehmen einen winzigen Schluck und hätscheln die Schwenker mit beiden Händen. »Weißt du, woran es liegt?«, fragt Kirchhofer plötzlich, als hätte er gerade eine Erleuchtung gehabt. »An der Zielgruppe!«

»Die Zielgruppe macht die Werbung doof? Ich weiß nicht, das ist doch immer noch die gleiche. Die Zielgruppe sind die Konsumenten.«

»Eben nicht!«, ruft Kirchhofer aus, so laut, dass Diego erschrocken von seinem Besteck aufblickt. »Eben nicht, heute sind die Kunden die Zielgruppe.«

»Sag ich ja.«

»*Unsere* Kunden! Die Werbeauftraggeber!« Kirchhofer ist überwältigt von seiner plötzlichen Erkenntnis. »Wir machen Werbung, die sich an unsere Auftraggeber richtet! Das *muss* ja in die Hose gehen!«

»Shit! Du hast recht. Früher arbeiteten wir nach der Faustregel: ›Wenn es der Auftraggeber nicht versteht, dann versteht es der Mann auf der Straße garantiert.‹«

»Und heute will es auch der Auftraggeber verstehen. Das ist es, was das Niveau dermaßen drückt.«

Brenner und Kirchhofer besiegeln diese Erkenntnis mit zwei letzten Cohibas. Und zwei zweitletzten Armagnacs.

Die Diskrepanzen

Die Ferien sind vorbei, und vor Eveline Holzer liegt wieder das normale Leben in seiner ganzen unerbittlichen Übersichtlichkeit. Neben ihr liegt Kurt, auch nicht gerade ein Ausbund an Überraschungen. »Woran denkst du?«, fragt sie. An nichts, und du?, wird er antworten.

»An nichts, und du?«

»An dies und das.«

Er wartet, bis sie konkreter wird, aber sie schweigt.

Er schweigt auch.

»Zum Beispiel an diese Diskrepanzen.«

»Welche Diskrepanzen?«

»Zwischen den Gehältern.«

»Welchen Gehältern?«

»Zum Beispiel zwischen denen deines Topmanagements und dem von dir.«

»Ich verdiene anständig.«

»Eben. Und deine Chefs unanständig.«

Er schweigt.

»Warum sagst du nichts?«

»Weil ich versuche zu schlafen.«

»Damit du morgen schön ausgeruht deinen anständigen Lohn wert bist.« Sie hört, wie er einatmet und die Luft anhält, mit der er die Antwort hatte herausstoßen wollen.

Nach einer Weile sagt er mit seiner geduldigen Stimme,

die ihr so auf die Nerven geht: »Anständig und unanständig sind keine Kriterien in der Lohnpolitik.«

»Sondern?«

»Angemessen und unangemessen.«

»Ha! Dann ist es also jetzt plötzlich angemessen, dass einer im Monat doppelt so viel verdient wie du im Jahr?«

Kurt Holzer zögert mit der Antwort.

Eveline hakt nach.

»Besser als du seien die dort oben ja nicht, behauptest du immer.«

»Nicht den Leistungen angemessen, meine ich. Dem Marktwert. Dem, was die Amerikaner oder Japaner bezahlen würden, um ihn abzuwerben.«

»Warum sollten die mehr bezahlen, wenn sie einen Ebenbürtigen für einen Bruchteil der Summe haben können? Dich zum Beispiel.«

»Ich bin nicht ebenbürtig. Das wäre ich erst, wenn ich gleich viel verdienen würde.«

»Du kannst auch einfach sagen, du hast keine Lust, mit mir darüber zu diskutieren, du brauchst mich nicht gleich zu verarschen.« Eveline dreht sich auf die Seite.

»Wie soll ich es dir erklären? Das Gehalt ist ein wichtiger Teil der Qualifikation. Ach was: Das Gehalt *ist* die Qualifikation. Nicht, weil du besser bist als die andern, verdienst du mehr. Dadurch, dass du mehr verdienst, bist du besser.«

»Wie gesagt, du brauchst mich nicht zu verarschen.«

Aber so klar hat Holzer es noch nie gesehen. »Weil die Manager austauschbar sind, muss man die Qualitätsunterschiede mit Geld herstellen! Ab einem gewissen Gehaltsniveau stellt sich die Frage nach der Qualität nicht mehr!«

Holzer sitzt jetzt kerzengerade im Bett und knipst das Nachttischlämpchen an. »Verstehst du jetzt?«, ruft er aus.

Eveline schüttelt den Kopf. »Das erklärt zur Not die Lohnunterschiede, aber nicht, weshalb sie so gigantisch sein müssen.«

»Ü-ber-leg doch mal!« Er schlägt sich bei jeder Silbe mit der flachen Hand gegen die Stirn. »Je teurer die Manager, desto besser die Firma! Die Unternehmen wollen in ihren Führungsetagen Leute von amerikanischem und japanischem Niveau. Gehaltsniveau, wohlverstanden! Sie beschäftigen nämlich keine Spitzenmanager! Sie beschäftigen Spitzengehälter! Es ist die einzige Funktion unserer Chefs, unverhältnismäßig viel mehr zu verdienen!«

»Ich wollte, es wäre auch deine.«

Holzer steht jetzt im Bett. »Unterschätze meine Aufgabe nicht: Ich!«, ruft er aus und reckt die Faust zur Decke empor, »ich gehöre zu denen, die das alles bezahlen!«

»Ich mach mir jetzt einen Tee, willst du auch einen?«

Geheimnisträger Bergmann

Ein absoluter Zufall hat Bergmann in die ›Excelsior Bar‹ geführt. Er saß im Tram nach Hause, als ihn eine SMS seiner Frau erreichte, dass sie zufällig ihre alte Schulfreundin Lydia, die jetzt in Toronto lebt, getroffen habe und mit ihr einen Frauenabend mache. Im Kühlschrank finde er Käse und Aufschnitt. Er ist an der nächsten Station ausgestiegen, ziellos in diesem unbekannten Quartier herumspaziert und in dieser Bar mit dem Schild »Happy Hour! Zwei für eins!« gelandet.

Jetzt sitzt er im Schummerlicht des Lokals. Viel Holz und Kunstleder, englische Jagdstiche, gedämpftes Barpiano ab Band. Die Bar ist trotz Happy Hour nicht sehr gut besucht. After-Work-People, mehr Männer als Frauen. Alle auf die Tischchen und Nischen verteilt.

Bergmann ist der einzige Gast an der Bar. Er trinkt einen Campari Orange und überlegt sich, ob er eine Portion Lachs von der im rötlichen Licht schlecht leserlichen Karte bestellen soll.

Da betritt ein junger Mann die Bar, schaut sich gründlich um, geht an ein freies Tischchen, inspiziert die Sitzfläche des Stuhls, wischt sie mit einem Taschentuch sauber und setzt sich, als trüge er einen knallengen Rock.

Ist er in einen Schwulentreff geraten?, fragt sich Bergmann und mustert die anwesenden Männer unter diesem Gesichtspunkt.

Noch bevor er sich entscheiden kann, betritt ein neuer Gast das Lokal, schaut sich suchend um und – ist Jauslin!

Derselbe Jauslin, bei dem er morgen, fünfzehn Uhr fünfzehn, zum halbjährlichen Qualifikationsgespräch geladen ist. Derselbe Jauslin, der entscheidet, ob er, Bergmann, oder der Arschkriecher Stocker die Abteilung übernehmen wird.

Jetzt reckt der junge Mann den Arm in die Höhe und schlenkert die Hand, als sei sie nur ganz lose am Handgelenk befestigt.

Jauslin sieht ihn, geht auf das Tischchen zu und begrüßt ihn – mit einem Kuss!

Jauslin, der sprödeste, verklemmteste, moralinsauerste Vorgesetzte, den er je hatte, begrüßt in der ›Excelsior Bar‹ eine Tunte mit einem Küsschen! Bergmanns erster Reflex ist, sich in den Schatten der Bar zurückzuziehen. Aber dann wird ihm klar, wie falsch das wäre. Wenn ihm das Schicksal schon diese Chance geschenkt hat, wäre es eine Sünde, sie zu vergeben.

Er rückt sich also in das bisschen Licht, das die Barbeleuchtung hergibt, und beginnt, abrupte Bewegungen zu machen.

Aber die beiden beachten ihn nicht. Sie sehen auch nicht von ihrem Gespräch auf, als er auf dem Weg zur Toilette ganz dicht an ihrem Tisch vorbeigeht. Und auch, als er es auf dem Rückweg wieder tut, hätten sie ihn übersehen, wenn Bergmann nicht gesagt hätte: »Auch noch auf ein Gläschen zwischen Job und Familie, Herr Jauslin?«

Sein Chef schaut erschrocken auf, nickt ihm zu und lächelt ein bisschen verlegen.

Damit hat Bergmann ihn in der Hand. Am nächsten Morgen bei der Strategiesitzung lässt er sich betont nichts anmerken. Im Personalrestaurant nach dem Essen hält er seinem Chef mit geradezu impertinenter Diskretion die Tür auf. Und selbst unter vier Augen beim Qualifikationsgespräch erwähnt er die peinliche Begegnung mit keiner Silbe. Dafür legt er Jauslin seine Erwartungen an seine zukünftige Karriere mit einer Dezidiertheit dar, die keinen Widerspruch duldet.

Als er kurz vor Feierabend in den Empfang kommt, sieht er gerade noch, wie Jauslin die Firma verlässt – in Begleitung des jungen Mannes!

»Ein Jammer, dass er schwul ist«, seufzt die Empfangsdame.

»Jauslin?«

»Nein, sein Sohn.«

Kleine Ursache

Wenn Oswald nicht zu faul wäre, fünfzehn Treppenstufen zu steigen, dann würde Hächlers Karriere jetzt einen anderen Verlauf nehmen. Aber der Reihe nach:

Vor etwas über einem Jahr wurde die Ebemag von J,S&M übernommen, und vor sechs Monaten wurde diese in die Aclarion Gruppe integriert. Beides war mit hektischen Maßnahmen zur Unternehmenskulturhomogenisierung verbunden, Vereinheitlichung der Titel und Funktionsbezeichnungen, IT-Integration, CI-Redesign, you name it. Aber noch nie ist Hächler einem hierarchisch einigermaßen ebenbürtigen Vertreter von J,S&M leibhaftig begegnet. Ganz zu schweigen einem von Aclarion.

Und dann wird plötzlich Jeff P. Wallace, der Chief Operating Officer des Aclarion Hauptsitzes in Denver, angekündigt. An der Spitze einer sechsköpfigen Delegation von Top Shots aus den USA und England. Die Herren werden am Donnerstag der nächsten Woche etwa um zehn Uhr erwartet, machen einen spontanen Rundgang durch die Räume der Ebemag und nehmen anschließend mit der Unternehmensführung einen leichten Lunch im ›Schwanen‹ ein.

»Was ist unter einem ›spontanen Rundgang‹ zu verstehen?«, erkundigt sich Hächler bei Kuhn, dem früheren Stabssekretär und heutigen Secretary of the Board, zu dem er einen guten Draht hat.

»Jeff P. Wallace will selbst bestimmen, was er besichtigt«, erklärt ihm Kuhn. »Er verspricht sich davon einen unverfälschteren Eindruck. Er will keine Führung. Aber«, fügt Kuhn mit einem Lächeln hinzu, »eine Begleitung braucht er schon. Und die werde ich sein.«

Hächler, dem es hierarchisch ganz knapp nicht zu einer Teilnahme am leichten Lunch im ›Schwanen‹ reicht, erkundigt sich, ob Kuhn es vielleicht einrichten könne, die Delegation auf ihrem spontanen Rundgang in sein Büro zu begleiten. Dieser verspricht, sein Möglichstes zu tun.

Hächler bleiben zehn Tage, um sein Büro umzudekorieren. Er tauscht die abstrakten Bilder seines malenden Schwagers gegen drei Andy-Warhol-Poster aus (Campbell's Soup II und III und Twenty-five colored Marilyns), baut auf dem USM Korpus beim Schreibtisch einen Familienaltar mit achtzehn gerahmten Fotos unterschiedlicher Größe auf, holt die singende Forelle, die ihm seine Fliegenfischerkameraden geschenkt haben, aus dem Keller und hängt sie neben die Posters. Für den Fall, dass Jeff P. Wallace den Eindruck eines Mannes mit Humor machen sollte.

Er instruiert die Abteilung, lässt die Witzpostkarten von den PCs entfernen, erlässt einen Dresscode für den großen Tag und gibt den beiden gepiercten Mitarbeiterinnen am Vormittag frei.

Dann beginnt er an seinem spontanen Statement zu arbeiten. Es soll keck, geradeheraus, fundiert und wohldurchdacht sein und in einem amerikanisch gefärbten, fehlerlosen und doch umgangssprachlichen Englisch vorgetragen, wie aus dem Stegreif. Und es soll ein paar strukturrelevante, kostendämmende Ideen beinhalten, die Jeff P. Wallace und seiner Delegation den Namen Walter P. Hächler unauslöschlich in Erinnerung bleiben lassen.

Und jetzt zu Oswald: Am Tag des hohen Besuches, elf Uhr sechsundvierzig, geht dieser in der achten Etage auf den Lift zu. Er ist unterwegs zur neunten Etage, weil der Kaffeeautomat in der achten ausgefallen ist. Er drückt auf den Knopf. Kurz darauf – »bing!« – öffnet sich die Lifttür, und sieben Ausländer stürmen heraus, gefolgt von einem nervösen Kuhn, der ihm etwas Unverständliches zuzischt.

Oswald betritt den Lift und fährt ganz allein eine Etage höher. Als sich die Tür – »bing!« – öffnet, steht dort in seinem besten Anzug Hächler und strahlt ihn an. Kurz.

Die Religionsfreiheit

Weiss hat seiner Frau einen Strauß Freilandrosen mitgebracht, jetzt ist sie etwas misstrauisch. Das Misstrauen wächst, als sie die Kinder zu Bett gebracht hat und im Wohnzimmer statt dem Fernseher ein Klassik-Radiosender läuft und zwei Glas Bordeaux auf dem Sofatisch stehen. Weiss hält den Kulturbund der Tageszeitung auf den Knien und blickt sie über den Rand seiner Brille wohlwollend an. »Na?«

Jetzt kommt es dann gleich, denkt Regula Weiss und wartet.

»Alles im Griff?«

»Wenn du die Einladung mit Zahnds meinst: Die ist erst in knapp zwei Wochen.«

»Ich meinte es eher allgemein.« Er hebt das Glas und wartet, bis sie es auch hebt. Beide nehmen einen Schluck. »Aber jetzt, wo du es erwähnst: Hast du dir schon ein paar Gedanken gemacht?«

»Worüber?«

»Zum Menü.«

»Ich habe an etwas Experimentelles gedacht.«

Fast hätte Weiss den Wein verschüttet.

Regula Weiss lacht. »Keine Angst, ich werde einen der Standards kochen. Manzo brasato, Seeteufelmedaillons oder Mistchratzerli.«

Er atmet auf. Nach kurzem Schweigen sagt er: »Zahnd ist…«

»… *the coming man*, hast du schon erwähnt.«

»Ich wollte etwas anderes sagen.«

Sie wartet.

»Zahnd ist scheint's sehr religiös.«

»Kann nichts schaden in seiner zukünftigen Position.«

»Stockkatholisch.«

Regula zuckt mit den Schultern.

»Nur damit du es weißt.«

»Ich werde es bei der Menügestaltung berücksichtigen.«

Weiss steckt das mit einem säuerlichen Lächeln weg. Nach einer Weile nimmt er den Faden wieder auf. »Im Ernst, ich weiß nicht, wie tolerant er anderen Lebenskonzepten gegenübersteht.«

»Du glaubst, er ist Fundamentalist?«

»Ich würde es nicht ausschließen.«

»Mach dir keine Sorgen, ich werde das Thema meiden wie der Teufel das Weihwasser.« Sie schenkt beiden nach.

»Auch nonverbal?«

Sie setzt das Glas ab und blickt ihn verständnislos an.

»Glaubst du – ähm – wäre es zu viel verlangt, wenn ich dich bitten würde, dass du – ähm – ihn für die Dauer des Besuches – ähm…« Er zeigt auf die Buddhastatue auf dem Büfett.

Deshalb die Blumen, denkt sie. »Das kann nicht dein Ernst sein.«

»Ich verlange ja nicht, dass du ihn durch ein Kruzifix ersetzt. Ich fände es einfach taktisch klüger, wenn wir neutral aufträten.«

»Sag ihm, es sei ein Kunstgegenstand, kein religiöses Symbol.«

»Ich möchte das Thema lieber ganz ausklammern.«

»Dann klammere es aus. Der Buddha bleibt, wo er ist.«

»Wenn dir meine Karriere schnurz ist...«

»Wenn deine Karriere von der Entfernung eines Buddhas vom Wohnzimmerbüfett abhängt, ist sie mir mehr als schnurz.«

»Du lebst jedenfalls ganz komfortabel davon.«

»Es gibt Dinge, die sind wichtiger als der Komfort. Die Religionsfreiheit, zum Beispiel.«

»Ich dachte, es handle sich um einen Kunstgegenstand?«

»Ab sofort ist es ein religiöses Symbol!«

Das Ehepaar Weiss einigt sich schließlich auf folgenden Kompromiss: Der Buddha bleibt, aber Regula verzichtet auf das Abbrennen von Räucherstäbchen. Und die Mistchratzerli werden Tandoori.

Die Produktverbesserung

Als Hablützel die Firma übernimmt, steht es nicht gut um diese. Der Hauptumsatzträger, nennen wir ihn McGuffin, Hitchcock zu Ehren, ist im Vergleich zu den Konkurrenzprodukten etwas kompliziert in der Handhabung und neigt dazu, bei feuchter Witterung zu klemmen. Das hat auf dem Binnenmarkt und im Export schmerzhafte Umsatzeinbußen zur Folge, nur in der Dritten Welt produziert der McGuffin weiterhin schöne Zahlen.

Hablützel weiß als erfahrener Krisenmanager: Wer in diesem Laden den Turnaround schaffen will, muss sich auf den McGuffin konzentrieren. Das tut er auch von der ersten Stunde an. Eine gründliche Analyse durch eine Consulting-Firma, mit der er im Laufe seiner Karriere immer wieder zusammengearbeitet hat, kommt zum lückenlos belegten Schluss, dass der McGuffin etwas kompliziert in der Handhabung ist und dazu neigt, bei feuchter Witterung zu klemmen. Eine Problemanalyse, die bei ihrer Präsentation vor dem Management auf kein besonders großes Erstaunen stößt, aber die Runde neu motiviert, sich gemeinsam ganz auf dieses Problem zu konzentrieren.

Unter der routinierten Leadership von Hablützel wird die Sache auf allen Fronten angegangen. Der Marketingmix wird neu überdacht: Die Leute von der Produktgestaltung experimentieren mit verschiedenen Oberflächenbehandlungen und setzen sich schließlich in einer denkwürdigen Open-End-Sitzung mit einem fast schwarzen Army-Mattlack-Finish durch, die Typenbezeichnung ebenfalls mattschwarz, aber um drei Millimeter erhaben und neu beidseitig angebracht.

Die ganze Distributionsstrategie wird reevaluiert, gegen den erbitterten Widerstand des Verkaufs erstmals seit Bestehen der Firma die Fachhandelstreue in Frage gestellt und tatsächlich auch aufgeweicht. Der McGuffin wird in Zukunft an ein paar ausgesuchten, nicht dem klassischen Fachhandel zuzurechnenden Verkaufspunkten erhältlich sein.

Auch die Werbung wird neu aufgezäumt. Hablützel halbiert das Werbebudget, lädt fünf Agenturen zu einem dreistufigen Pitch ein und entscheidet sich dann für die mit den günstigsten Konditionen.

Parallel zu diesen Maßnahmen erfolgt der unternehmerisch wohl kühnste Schritt: Produktion und Primärmontage werden ausgelagert, und zwar nach Rawang, nördlich von Kuala Lumpur. Nur Sekundärmontage und Qualitätskontrolle werden weiterhin im Hauptwerk durchgeführt, dessen Belegschaft dadurch um praktisch zwei Drittel reduziert werden kann. Natürlich mit den ganzen damit anfallenden Entlastungen des Overheads.

Damit verbunden ist auch eine längst fällige Restrukturierung des Vertriebs. Hablützel schafft die Aufteilung in Regionen und Sparten ab und unterstellt den Gesamtvertrieb einem einzigen Mann, den er aus einer früheren Sanierung mitgebracht hat. Auch dies hat eine spürbare Entspannung der Human-Resources-Belastung zur Folge, welche durch natürliche und unnatürliche Abgänge herbeigeführt wird.

Der Rest sind kosmetische Maßnahmen: Outsourcing der Logistik an einen Drittanbieter und der Kundenberatung an ein Callcenter, Ersetzen des anciennitätsbedingten Hochlohnpersonals durch Berufseinsteiger, Neudefinition der Lohnpolitik und Redesign der Corporate Identity.

Bereits der erste Jahresabschluss unter Hablützels Führung zeigt, wie wunderbar das Maßnahmenpaket zu greifen beginnt.

Nur der McGuffin ist im Vergleich zu den Konkurrenzprodukten etwas kompliziert in der Handhabung und neigt dazu, bei feuchter Witterung zu klemmen.

Aber Hablützels Produkt ist ja auch nicht der McGuffin. Hablützels Produkt ist der Gewinn.

Pfenningers Albtraum

Pfenninger ist kein Tramfahrer. Aber heute ist er zu Fuß unterwegs zu seiner Lunchverabredung in der ›Linde‹, und weil er etwas spät dran ist und gerade ein Zwölfer neben ihm hält, macht er eine Ausnahme und steigt ein.

Der Wagen ist gut besetzt. Pfenninger sieht sich vergeblich nach einem Sitzplatz um und bleibt dann in der Nähe des Eingangs stehen. Die Tür schließt sich, aber das Tram fährt noch nicht, vorne steigen noch Passagiere zu.

Jetzt sieht Pfenninger den Mann herbeirennen. In der Linken trägt er einen Aktenkoffer, mit der Rechten gestikuliert er in die Richtung der bereits geschlossenen Tür und schaut dabei Pfenninger an. Es dauert einen Moment, bis dieser merkt, was der andere von ihm will: dass er auf den Türöffnungsknopf drücke. Pfenninger macht einen Schritt auf den Eingang zu. Und da beginnt die *slow motion*:

Der Mann trägt einen dunkelgrauen Businessanzug, der wohl einst gut geschnitten gewesen war, bevor sein Träger aus dem Leim ging. Die ausgebeulte Hose ist zu lang, weil er sie unter dem Bauch tragen muss, über dem sich das Jackett des Einreihers spannt.

Der Mann ist jetzt nahe genug, dass Pfenninger die abgewetzten Stellen des Anzugs ausmachen kann. Und die Schuppen, die dessen Schultern sprenkeln. So wenig Haare und so viele Schuppen!

Die Straight-Tip-Oxfords sind rahmengenäht, vielleicht sogar Maßanfertigungen, vermutet Pfenninger, der ein geübtes Auge für die Qualität von Schuhen hat. Aber diese hier sind aus der Form, ihre Absätze abgetragen, ihr Oberleder brüchig.

Auch der Aktenkoffer ist Qualitätsware. Ein amerikanischer Executive Case mit schlichten Messingbeschlägen. Aber an den Ecken und Kanten blitzt das Metall durch das fleckige Schweinsleder, und am Handgriff baumelt die Vielfliegerkarte einer längst gegroundeten Airline. Die Faust, die den Koffer trägt, ragt aus dem fadenscheinigen Manschettenrand eines hellblauen Hemdes, das den Kleiderschrank nicht erst heute verlassen hat.

Pfenninger hat die Tür beinahe erreicht. Auch dem Mann fehlen nur noch ein paar Schritte. Aber die Kräfte scheinen ihn zu verlassen. Die *slow motion* wird noch langsamer, die Szene bleibt fast stehen.

Zum ersten Mal sieht Pfenninger das Gesicht des Mannes. Es ist das Gesicht eines Gescheiterten. Das Gesicht von einem, der tut, als kämpfe er noch, der aber längst aufgegeben hat. Was Pfenninger hier entgegenblickt, ist die Fratze des Misserfolgs. Nicht des kleinen, täglichen Misslingens, des routiniert kaschierten Unvermögens des Alltags. Was ihm hier auf dem letzten Zacken entgegenkeucht, ist der große, weit zurückliegende, längst akzeptierte Schiffbruch einer Karriere, wie er, Pfenninger, sie anstrebt. Wie alle seine Konkurrenten sie anstreben. Von deren Erfolg – ein bisschen kleiner oder ein bisschen größer – sie alle ausgehen.

Hier stolpert die von ihnen allen ausgeschlossene Möglichkeit der größten denkbaren Katastrophe, des totalen

Scheiterns, herbei und will noch aufspringen auf den Zug der halbwegs Erfolgreichen.

Beim vorderen Eingang sind die letzten Passagiere eingestiegen, und die Tür schließt sich mit einem Zischen. Pfenninger hat jetzt den Knopf erreicht. Der Mann schaut zu ihm herauf. Mit einem Gesichtsausdruck zwischen Resignation und Hoffnung. Er fasst sich mit dem Zeigefinger zwischen Hals und Kragen und lockert die Krawatte.

Es ist die gleiche wie die, die Pfenninger trägt.

Pfenninger tut, als drücke er vergeblich auf den Knopf.

Eine Privatbewirtung

Gisler, der sonst selten vor neun zu Hause ist, betritt kurz vor sechs die Küche mit diesem Gesicht, das er macht, wenn er fast platzt vor Mitteilungsbedürfnis. Evelyn wäre beinahe vom Rollhocker gestürzt, auf dem sie steht, um den Raclette-Ofen vom obersten Regal des Küchenschranks zu holen. Sie hat heute keine Lust zu kochen.

»Ist etwas passiert?«, fragt sie erschrocken.

»Das kann man allerdings sagen. Waldner hat zugesagt.«

»Zu was?«

»Zum Essen! Nächsten Mittwoch! Neunzehnuhrfünfzehn!« Er wartet, bis sie vom Rollhocker geklettert ist.

»Du sagst ja gar nichts. Das ist der Durchbruch! Waldners bei Gislers privat!«

Evelyn kennt Waldner nur vom Hörensagen. Dafür aber genau. Es vergeht kein Tag, an dem der Name nicht fällt. Waldner ist der liebe Gott der Firma, in der Gislers Karriere seit ein paar Jahren stagniert. Sie sagt: »Und was, um Himmels willen, soll ich kochen?«

»Fisch. Waldner ist Fischliebhaber, das weiß ich aus zuverlässigster Quelle.«

»Wie soll ich wissen, wie man Fisch kocht? Niemand von uns isst Fisch.«

»Das kann doch nicht so schwierig sein. Fisch ist wie Fleisch, einfach von Meerestieren. Kauf dir Kochbücher.«

Bereits am nächsten Abend riecht das Haus nach Fisch. »Wo sind die Kinder?«, erkundigt sich Gisler.

»Beiden ist schlecht geworden. Sie übernachten bei Nadia und Luca.«

Gisler kann das nachvollziehen. Ihm selbst ist etwas flau geworden, als er die Gräten und Köpfe der Weißfische sieht, die Sandra angewidert in Butter anziehen lässt. »Was gibt das?«, fragt er.

»Fischfond. Den gefrier ich nachher ein für den Mittwoch. Was hältst du von gratinierten Austern als Vorspeise?«

»Gelten Meeresfrüchte auch als Fisch?«

Diese Frage verunsichert beide. Zur Sicherheit beschließen sie, sich an den Fisch zu halten. Dafür in allen Variationen.

Bereits am nächsten Abend testen sie die Vorspeise: kleine Sardinen, kurz in Mehl gewendet und ganz frittiert, die das kulinarische Thema angeben: Fisch! Zum Auftakt in seiner ursprünglichen Ganzheit serviert. Gisler isst das erste Exemplar mit Kopf und Schwanzflosse, worauf sich die Kinder in ihre Zimmer zurückziehen.

An den folgenden Testabenden variiert Evelyn das Grundthema auf immer raffiniertere Weise. Sie kocht Panaden, mischt sie mit Hechtfleisch, farciert damit in Salatblätter eingeschlagene Lachsrouladen. Sie füllt Seezungen mit Seeteufelfarce. Sie backt Butterfischragout unter einer kunstvoll verzierten Blätterteighaube. Sie füllt Babylachse mit frischen Kräutern und bereitet sie in der Salzkruste zu. Sie dämpft Doraden auf Fenchelgemüse im chinesischen Bambusdämpfer. Sie mariniert Forellen und legt Rotbarben ein, wobei sie die Leber mitverwendet. Jede Speise bewerten sie nach einem von Gisler erarbeiteten Punktesystem.

Am Wochenende vor dem großen Mittwoch werten sie die Punkte aus und stellen ein fünfgängiges Fischmenü zusammen, das nur mit Hilfe von Frau Milankovič, die am Mittwoch sonst bei Berners wäre, einigermaßen zu bewältigen ist.

Waldners kommen mit zwölf Minuten Verspätung, die gereicht haben, Gisler in noch größere Aufregung zu versetzen. Sie legt sich erst nach dem Aperitif, als alle am Tisch sitzen und Frau Milankovič die Vorspeise serviert. Hübsch sehen sie aus, die Sardinen, goldgelb und knusprig.

Waldner winkt ab. »Die Vorspeise überspringe ich lieber. Wir essen keinen Fisch, wir passionierten Zierfischfreunde.«

Präventivmaßnahmen

Maria Winkler ist heimlich ein bisschen stolz auf ihren Spitznamen: »Queen Mary«. Als Anspielung auf ihr Äußeres kann er nicht gemeint sein, aber als Reverenz an ihre Stellung im Unternehmen trifft er mehr als zu. Nichts läuft ohne sie.

Maria Winkler ist Schönholzers rechte Hand. Und das seit dreiundzwanzig Jahren. Sie hat dieses Amt mit zweiunddreißig angetreten und es seither mit eiserner Faust verwaltet. Sie ist von der Direktionssekretärin zur persönlichen Assistentin des CEO aufgestiegen und ist die ergraute Eminenz der gesamten weiblichen Belegschaft mit Sekretariatsaufgaben geworden.

Kein Weg führt an ihr vorbei. Keine Stelle wird ohne ihr Placet besetzt. Wer es nicht schafft, mit Queen Mary in Frieden zu leben, hat keine Aufstiegschancen im Unternehmen. Auch als Mann nicht. Auch als Vertreter des Managements nicht.

Sie macht sämtliche Termine für Schönholzer. Wenn ihr jemand nicht genehm ist, riskiert er, einen Halbzwölftermin zu bekommen, wenn Schönholzers leerer Kaffeemagen übersäuert ist und er langsam etwas zwischen die Zähne und ein Schlückchen Alkohol braucht.

Wenn ihr die Nase von jemandem nicht passt, kann sie ihn bei Schönholzer mit diesem bedauernden Gesichtsausdruck anmelden, der bedeutet: Es tut mir leid, dass ich Ihnen diese Nervensäge nicht ersparen kann.

Ihnen. Denn Maria Winkler und Schönholzer sind noch immer per Sie. Obwohl es eine Zeit gegeben hat, in der ihre Beziehung beinahe über das rein Geschäftliche hinausgegangen wäre. Nur dank Queen Marys Lebensweisheit war es nicht dazugekommen. Sie ist sich heute noch sicher, dass das das Ende ihrer Karriere gewesen wäre.

Obwohl man sie es nicht fühlen lässt, ist sie in der Firma mehr gefürchtet als geliebt. Das gilt auch für Schönholzer, das ist ihr klar. Aber es beunruhigt sie nicht. Ihre Stellung ist unkündbar. Sie weiß zu viel. Ihr Gehalt hat schon vor Jahren das Höchstgehalt einer noch so qualifizierten Chefsekretärin überstiegen und ist in die Sphären des Schweigegelds gewachsen.

Spätestens, seit sie neben dem Protokoll der Geschäftsleitungssitzungen auch das des Verwaltungsrats führt. Sie kennt alle Gehälter der obersten Führungsspitze. Und alle Boni. Und alle Nebenbezüge, Ferienwohnungsmieten, Autoleasings, zinsfreien Darlehen, privaten Hotelrechnungen, privaten First-Class-Flüge.

Sie weiß, in welchen Jahren die Bilanz etwas geschönt und in welchen die stillen Reserven aus Steuergründen etwas vergrößert wurden. Und sie kann Schönholzer rechtzeitig an Geburtstage von Damen erinnern, denen er offiziell noch nie im Leben begegnet ist. Und noch genau wissen, was er ihnen das letzte Mal geschenkt hat.

Maria Winkler betritt morgens ihr Büro und verlässt es abends wieder in der Gewissheit, dass ihr absolut nichts passieren kann.

Aber mit dem jüngsten medizinischen Check-up wird die Gewissheit ihrer Unangreifbarkeit nachhaltig erschüttert: Cholesterin im roten Bereich, Leberwerte ebenfalls, Belastungs-EKG bedenklich unter dem Durchschnitt, Blutdruck gefährlich darüber, Ruhepuls von über neunzig, Herzrhythmusstörungen, deren Ursachen man in einer Nachuntersuchung nachgehen muss.

Sie sieht sich gezwungen, Sofortmaßnahmen zu ergreifen: Rauchverbot, Alkoholverbot, Diät, regelmäßiger Besuch eines Fitness-Studios, Stressabbau.

Maria Winkler würde einen Herzinfarkt von Schönholzer nicht überleben.

Hofer, der Reiseprofi

Hofer reist aus Prinzip nur mit Handgepäck. Crew Bag mit Rollen, leichter Kleidersack, basta. Wer so viel unterwegs ist wie er, der kann seine Zeit nicht vor den Gepäckrollbändern der Flughäfen dieser Welt verplempern. Business Trips mit einer Übernachtung bestreitet er mit einem Zweitanzug, einem Zweithemd, einem Paar Zweitsocken, einem Satz Unterwäsche, zwei Wechselkrawatten, einem Pyjama und einem raffiniert gepackten Necessaire. Bei mehr als einer Übernachtung erhöht er lediglich den Hemden-, Socken- und Wäschevorrat.

Deswegen ist Hofer genervt, als ihm Kübler nach der Landung in Frankfurt gesteht, dass er einen Koffer aufgegeben hat. Er weigert sich, ihn zur Gepäckausgabe zu begleiten, und verabredet sich mit ihm am Ausgang beim Taxistand.

Dort steht er jetzt, während die Schlange der Wartenden immer länger und die der Taxis immer kürzer wird. Und seine Wut auf Kübler immer größer.

Er hatte es von Anfang an gewusst: Der Mann bringt Ärger. Übereifrig, übergewichtig und überparfümiert. Und jetzt, keinen Monat nach dessen Stellenantritt, soll er ihn bei Feldhoff einführen, seinem unangenehmsten Kunden. Kübler mit seinen zu bunten Krawatten und seinen zu hellen Doppelreihern wird eine einzige Provokation sein für den maßgeschneiderten, pingeligen Feldhoff.

Als Kübler endlich mit einem vierrädrigen Hartschalenkoffer angekeucht kommt, kann Hofer gerade noch ein »Endlich« zwischen den zusammengepressten Lippen hervorstoßen. Dann schweigt er die ganze Taxifahrt bis zum Hotel.

Sie haben die Abendmaschine genommen, denn Feldhoff hat sie auf neun Uhr früh bestellt, was sie mit der Frühmaschine zwar knapp schaffen würden, aber nur, wenn der Flug pünktlich ist. Das Risiko war Hofer zu groß, denn Unpünktlichkeit ist für Feldhoff fast so unverzeihlich wie schlechte Kleidung.

So kommt es, dass Hofer den Abend in Frankfurt mit Kübler verbringen muss. In einem vietnamesischen Restaurant, von dem Kübler seit Bekanntwerden des Trips nach Frankfurt geschwärmt hatte, bis Hofer einwilligte, dort zu reservieren.

Als er nach einem Abend mit gewöhnungsbedürftigen Gerichten und schleppendem Small Talk endlich sein Hotelzimmer betritt, riechen seine Kleider nach Entenfett und Zigarrenrauch. Hofer weiß, wenn es ihm nicht gelingt, sie über Nacht auszulüften, werden sie am nächsten Morgen noch genauso stinken. Er geht zum Fenster und stellt fest, dass es sich glücklicherweise öffnen lässt. Er macht die Schranktür auf und steht vor einer neuen Situation: Mit diebstahlsicheren Kleiderbügeln hat er gelernt umzugehen, aber keine Kleiderbügel ist selbst für einen Reiseprofi wie ihn neu. Er braucht einen Moment, bis ihm die Idee kommt: Er entnimmt seinem Kleidersack den Zweitanzug samt Bügel, hängt seinen Erstanzug darüber und beide an die äußere Oberkante des Fensters, das er bis auf einen Spalt wieder schließt.

Dann geht er zu Bett und schläft tief bis zum Klingeln seines winzigen Reiseweckers kurz vor sieben. Er macht seine Morgentoilette und zieht sauber rasiert und diskret parfümiert die Vorhänge auf.

Die Anzüge sind weg.

Er öffnet das Fenster und schaut hinaus. Unter ihm im schon etwas herbstlich verfärbten regennassen Laub einer Platane sieht er seinen Erstanzug baumeln. Und zwei Äste tiefer seinen Zweitanzug.

Sie schaffen es dann doch noch zu Feldhoff. Mit einer knappen halben Stunde Verspätung. Hofer im viel zu kurzen, viel zu weiten, viel zu hellen Drittanzug von Kübler. Aber mit eigener Krawatte.

Schneebergers Gegenüber

Der ICE hat eine Eingangsverspätung von zweiunddreißig Minuten. Schneeberger steht auf dem überfüllten Bahnsteig und verflucht Frau Bangerter, die die Idee mit dem Zug gehabt hatte. »Da sitzen Sie gemütlich auf Ihrem Ledersessel vor Ihrem Laptop und haben fünf Stunden Zeit zu arbeiten, ich reservier Ihnen einen schönen Einzelsitz mit Tischchen«, hatte sie gesagt.

Und er Idiot war einverstanden gewesen. Hatte sich vorgestellt, wie er endlich einmal ungestört am Reorganisationskonzept »Vision21« arbeiten kann, mit dem er seine Abteilung streamlinen und Waldberger beeindrucken will.

Der Zweck seiner Reise wird diesen Eindruck noch verstärken: Er wird nämlich Waldberger KKV als neuen Kunden vor die Füße werfen wie das Fell eines frisch erlegten Eisbären. Schneeberger hat nach hartnäckigem Nachhaken nämlich endlich einen Termin bei KKV am Hauptsitz Köln bekommen. Bei einem gewissen Hübner. Nach seinen Recherchen genau der zuständige Mann.

Aber bereits in Basel haben die Probleme angefangen. Statt eines ICE mit Ledersitzen und Tischchen hat da ein altgedienter Ersatzzug auf ihn gewartet, dessen muffige Erster-Klasse-Abteile mit lauten Rentnerwandergruppen überfüllt waren. Ausgeschlossen, an »Vision21« zu arbeiten.

Als der Anschluss-ICE nach Köln endlich eintrifft, meldet

der Lautsprecher, dass dieser Zug heute in umgekehrter Reihenfolge verkehre. Schneeberger spurtet von der Zugspitze zum Zugende und erreicht außer Atem seinen Ledersitz mit der Nummer 61. Dort ist gerade einer dabei, sich auf dem Sitz gegenüber gemütlich einzurichten und das Tischchen mit seinem Computer und seinen Unterlagen in Beschlag zu nehmen. Sobald Schneeberger wieder genug Luft zum Sprechen hat, fragt er: »Wäre es Ihnen eventuell möglich, mir etwas Platz zu machen. Ich habe nämlich auch zu arbeiten.«

Sein Gegenüber mustert ihn gelangweilt. »Ich fürchte, da hätten Sie früher kommen müssen.« Damit wendet er sich wieder seinem Bildschirm zu und ignoriert Schneeberger.

Diesem bleibt nichts übrig, als sich schlafend zu stellen und den Kerl durch die halbgeschlossenen Lider zu hassen. Dieses Krawattennädelchen! Dieses blaugestreifte Hemdchen mit dem weißen Krägelchen! Diese Schühchen mit den goldenen Schnällchen!

Und während er auf eines dieser Schühchen schielt, streckt der Typ das Bein. Der Fuß steht jetzt eindeutig auf Schneebergers Seite. Wenn er jetzt seinen Sitz verlassen müsste, würde er mit großer Wahrscheinlichkeit darauf treten. Aber voll! Genau auf die Stelle, wo das halbdurchsichtige Söckchen in das Schühchen mündet.

Bis kurz vor Koblenz lässt er den Gedanken reifen. Dann setzt er ihn in die Tat um. Sein Gegenüber schreit kurz auf, reibt sich den Fuß und sagt »Arschloch«.

»Gleichfalls«, gibt Schneeberger zurück. Danach schweigen beide eisern.

Der Zug hält mitten auf der Strecke. Eine Durchsage bittet um Verständnis für eine zusätzliche Verspätung von schätzungsweise zwanzig Minuten. Fast gleichzeitig greifen Schneeberger und sein Gegenüber zu ihren Handys. Schneeberger ruft kkv an und verlangt Hübner. Er sei noch nicht im Hause, meldet die Telefonistin, und seine Assistentin, Frau Heinrich, spreche auf einer anderen Linie. Schneeberger wartet.

Und während er so wartet, hört er den anderen sagen: »Der ICE aus Mannheim hat über eine Stunde Verspätung. Bitte halten Sie so lange diesen Typen bei Laune. Diesen, Sie wissen schon, etwas mit Schnee, Frau Heinrich.«

Die Work-Life-Balance

Ich muss Schluss machen, Walter kommt heute zum Abendessen nach Hause.«

»Zum Abendessen nach Hause? Ich kann mich nicht erinnern, wann Peter das zuletzt getan hat.«

»Bei Walter kommt es auch selten vor.«

»Aber es kommt immerhin vor. Ich koche nur noch Kindermenüs.«

»Wem sagst du das? Fertigpizzas, Tomatenspaghetti. Tomatenspaghetti, Fertigpizzas.«

»Und heute? Was kochst du heute?«

»Einen kleinen gemischten Blattsalat mit Kürbiskernöl und Zitrone, pochierten Lachs auf dem Lauchbett mit jungen in Olivenöl sautierten Kartoffeln. Und für alle Fälle habe ich noch Ingwer- und Mangosorbet im Gefrierfach. Obwohl: Walter steht nicht so auf Desserts.«

»Ich beneide dich darum, richtige Menüs kochen zu dürfen.«

»Wie gesagt, es kommt selten vor. Deswegen muss ich jetzt anfangen. Sonst geht es mir dann wie dir, und ich sehe meinen Mann auch nur noch an den Wochenenden.«

»Ach, du siehst ihn an den Wochenenden?«

»Ab und zu. Die Wochenenden gehören der Familie, sagt Walter immer.«

»Und was macht ihr dann so?«

»Am Samstag einkaufen. Und am Sonntag ausschlafen, später Brunch, Quality Time mit den Kindern und so weiter.«

»Du Glückliche! Wenn Peter mal an einem Weekend zu Hause ist, muss er arbeiten. So eingespannt ist er.«

»Eingespannt ist Walter auch.«

»Immerhin kann er zum Essen nach Hause kommen.«

»Ausnahmsweise.«

»Und die Wochenenden der Familie widmen.«

»Alles eine Frage der Organisation.«

»Ab einem gewissen Maß an Verantwortung nützt die beste Organisation nichts mehr. Manchmal gäbe ich viel darum, Peter wäre auch etwas entbehrlicher.«

»Wie gesagt: Beim letzten Mal, als Walter zu Hause aß, konnten wir noch im Garten essen. So lange ist das her.«

»Im Garten? Du isst mit der ganzen Familie im Garten? Manchmal frage ich mich wirklich, ob Peter zu Gunsten der Lebensqualität nicht auch ein paar Abstriche machen sollte bei der Karriere.«

»Walter macht keine Abstriche bei der Karriere.«

»Das braucht er auch gar nicht zu tun. – Es gibt ja auch natürliche Grenzen.«

»Wie meinst du das?«

»Sei froh.«

»Worüber?«

»Eben. Dass du einen Mann hast, dessen berufliches Potential Platz für ein Familienleben lässt. Ich lass dich jetzt kochen. Ciao, genieße den Abend.«

»Moment.«

»Ja?«

»Walter ist karrieremäßig nicht am Anschlag, nur weil er *einmal* zum Abendessen nach Hause kommt. Er hat einfach seine Work-Life-Balance ein bisschen besser im Griff als gewisse andere Leute.«

»Seine Auslastung scheint immerhin einen Work-Life-Balance-Spielraum zu ermöglichen. Das ist doch schön!«

»Es gibt eben Leute, die haben genug Talent, um nicht alles mit dem Fleiß machen zu müssen.«

»Und es gibt auch solche, bei denen fällt es auf, wenn sie fehlen.«

»Und solche, die müssen mit ständiger Präsenz daran erinnern, dass es sie noch gibt.«

»Wie Walter, zum Beispiel?«

»Walter kommt zum Essen auch mal nach Hause.«

»Ich dachte, nur ausnahmsweise?«

Alles super!

Wipf kommt leicht aus den Federn. Kaum hat er den Wecker zum Schweigen gebracht, ist er auch schon auf den Beinen. Das wird wieder ein Supertag! Er duscht sich mit dem neuen Duschgel aus dem Duty Free von Hannover! Mit Fruchtsäuren! Duftet nach Zitronenhain, aber diskret! Superkauf!

Er wählt eine Krawatte, die farblich der Duftnote entspricht! Und ein hellblaues Hemd! Und den grauen Übergangsanzug, zum ersten Mal in diesem Herbst! Draußen ist es nämlich frisch! Es regnet sogar! Wie gut, dass er den Scheibenwischer auf der Beifahrerseite vor zwei Tagen ersetzt hat! Der hinterließ nämlich eine Schliere, genau auf Augenhöhe!

Er fährt durch die nasse Morgendämmerung! Scheibenwischer auf Stufe zwei! Immer wieder wandert sein Blick nach rechts, dort, wo die Schliere war! Quietschsauber, jetzt! Während der Fahrt hört er motivierende Musik! Die Ouvertüre von Rossinis Wilhelm Tell! Tädärä, tädärä. Tädärätätä! Weiter vorne hat ein Lastwagen eine Panne! Aber auf der Nebenspur! Wipf kann vorbeifahren! Problemlos!

Als er in die Tiefgarage fährt, sieht er, dass Wielands Parkplatz noch leer ist! Das dritte Mal in dieser Woche, dass er Wieland schlägt!

Er nimmt die Treppe bis zum Empfang! Die Empfangsdame, Frau Schnell, hat eine Schlaffalte auf der rechten Wange! Wipf verkneift sich eine Bemerkung! Wünscht einfach einen wunderbaren guten Morgen! Und entschließt sich spontan, auch die nächsten vier Stockwerke zu Fuß zu gehen!

Die vierte Etage ist noch wie ausgestorben! Wipf lässt einen Espresso aus dem Automaten! Und schüttet ihn weg! Denn der erste Espresso des Tages schmeckt immer nach verbranntem Pneu! Er macht sich noch einen! Und schüttet ihn wieder weg! Erst den dritten nimmt er mit in sein Büro! Schmeckt super!

Während Wipf am Espresso nippt, bootet er den PC! »An die Säcke, Wipf!!«, leuchtet auf dem Bildschirm auf! Rot blinkend! Letzte Woche hatte er: »Let's do it, Wipf!!« Nächste Woche weiß er noch nicht, wahrscheinlich: »Packen wir's an, Wipf!!« Gelb blinkend! Jede Woche eine neue Anfeuerung, das hält er schon seit Jahren so! Als ob er eine Anfeuerung bräuchte! Sein Job ist super! Das Team ist super!

Schritte auf dem Gang! Wahrscheinlich Frau Tschannen! Die Sekretärin, die er mit Wieland teilt! Er wird ihr fünf Minuten geben und ihr dann gleich die Mikrokassette mit dem Diktat des Memos zum Projekt Bravo2 bringen! Hat er gestern Abend noch diktiert! Damit es das Team vor zehn Uhr auf dem Schreibtisch hat! Um zehn ist nämlich Koordinationssitzung! Wie jeden Mittwoch! Außer letzte Woche, da war sie um elf!

Vom Gang her klingt das Mahlwerk des Kaffeeautomaten! Bestimmt Frau Tschannen! Oder vielleicht ein anderes Teammitglied! Zeitig hier, um sich auf die Koordinationssitzung vorzubereiten! Super! Gut vorbereitete Sitzungsteilnehmer sind Gold wert! Am meisten Zeit wird in der Wirtschaft nämlich bei Sitzungen verschwendet!

Wipf nimmt die Mikrokassette und geht mit weitausholenden Schritten zu Frau Tschannens Arbeitsplatz! Dort steht Wieland, der ihr gerade eine Mikrokassette überreicht! Macht nichts! Wipf wird seine später bringen! Vielleicht kann er den Wortlaut des Memos da und dort noch verbessern! Super Gelegenheit!

Auf dem Rückweg ins Büro hat er DIE Idee! Anstatt »Packen wir's an, Wipf!!« wird er nächste Woche »Hopp Wipf!!« nehmen. Aber nicht gelb blinkend! Sondern rot/gelb! Abwechselnd!

Der rote Faden

Schon seit Stunden sitzt Furrer an seinem Schreibtisch und hat noch immer keine Idee für die Stegreiftischrede bei Talbergs Jubiläumsessen.

Sein Boss feiert am Freitag fünfzehn Jahre ERGAG mit einem Abendessen im ›Goldenen Kreuz‹ im Kreise des oberen und mittleren Kaders, ohne Damenbegleitung. Und »ohne Rambazamba«, wie Talberg ausdrücklich gewünscht hat. Deswegen haben sich die Geladenen darauf geeinigt, keine Produktionen vorzubereiten. Und auch keine Tischreden.

Aber wenn zu fortgeschrittener Stunde einer der Anwesenden spontan ans Glas klopft und eine kleine Stegreifrede hält, wird Talberg das wohl kaum als Rambazamba bezeichnen. Eher als sympathische Geste eines ihm besonders verbundenen Mitarbeiters. Jedenfalls mehr verbunden als Rebmann zum Beispiel, dieser Arschkriecher.

Furrer hält sich stets auf dem neusten Stand der Reden-Literatur. Danach steht und fällt die freie Rede, vor allem die freie Stegreifrede, mit dem *roten Faden*. Er dient dem Redner als Gedächtnisstütze und den Zuhörern als Leitschnur. Und ebendiesen roten Faden sucht Talberg seit Stunden vergeblich.

Während er die Buchstaben von »ohne Rambazamba« auf dem A-4-Blatt vor ihm verziert, fällt es ihm plötzlich wie

Schuppen von den Augen. Natürlich: Das ist er, der rote Faden: »Ohne Rambazamba«. An Talbergs eigenem Statement wird er die Speach aufhängen. Aus ihm wird er die Eckpfeiler, die Wegmarken, den Running Gag, die Pointe seiner Stegreifrede schmieden.

Furrer bestellt bei Frau Karg einen weiteren Kaffee und verlängert die Weisung, dass er nicht zu stören sei. Dann nimmt er ein frisches Blatt und schreibt: »Ohne Rambazamba«. Diese zwei Wörter wird er der verblüfften Runde vorwerfen. Typisch Talberg, wird er sagen: Null Aufhebens um seine Person. Der Sache dienen. Quality driven. Er wird Talbergs Bescheidenheit ausloben. Er wird ihn darstellen als einen wie du und ich. (Vor allem wie ich.)

Dann wird er innehalten. Die Zuhörer ins Auge fassen, einen nach dem anderen. Und in die Stille wird er leise, fast unhörbar sagen: »Ohne Rambazamba.«

Und mit dröhnender Stimme wird er ausführen, wie viel Rambazamba die ERGAG Talberg verdankt. Unternehmerisches Umdenken. Innovation. Going the extra mile. Moving the goal posts. Rambazamba at its very best.

Wenn sich der Szenenapplaus gelegt hat und wieder Stille eingekehrt ist im kleinen Saal des ›Goldenen Kreuz‹, wird Furrer fragen: »Ohne Rambazamba?« Soll man es diesem unvergleichlichen Mann tatsächlich erlauben, die fünfzehn denkwürdigen Jahre ERGAG ohne Rambazamba zu feiern? Ja, wird er sagen, ja. Denn Talberg braucht kein Rambazamba. Pause. Talberg ist Rambazamba.

Das Vorzimmer ist leer und die Firma dunkel, als Furrer den Text auf zwölf postkartengroße Spickzettel geschrieben hat. Während der verbleibenden Tage bis zum Jubiläumsessen repetiert er ihn so oft, bis er ihn aus dem Stegreif vortragen kann.

Der Anlass verläuft dann ein wenig steif. Erst beim Sorbet ist etwas wie Stimmung aufgekommen, und erst nach dem Hauptgang hat Furrer das Gefühl, dass die Runde reif ist für ein paar spontane Worte.

Er leert das Burgunderglas, damit es besser klingt, und greift zur Dessertgabel.

In diesem Augenblick bringt das Klingen eines anderen Glases die Runde zum Schweigen. Es ist das von Rebmann, der jetzt aufsteht und in die verblüffte Stille zwei Worte fallenlässt: »Ohne Rambazamba.«

Meiers positive Aggression

Das hat Meier schon immer gewusst: Aggression ist gar nicht so scheiße, wie alle behaupten. Aber er muss fast fünfzig werden, bis die Einsicht in die Managerliteratur Eingang findet. Endlich ist offiziell sanktioniert, wonach er schon immer gehandelt hat: Es ist völlig okay, im Business seine Gegner mit allen Mitteln niederzumachen, es muss nur einer guten Sache dienen. Und wenn Meiers Karriere keine gute Sache ist, was denn sonst?

Okay, man soll, wenn der Gegner am Boden liegt, nicht mehr allzu sehr auf ihm rumtrampeln. Das kann man sich ja aneignen, mit bald fünfzig kann man immer noch dazulernen. Obwohl: Wenn man ihn nicht flachwalzt, steht er womöglich wieder auf, und man muss ihn erneut fertigmachen. Aber im Buch steht, dass das Risiko klein sei, wenn man ihm genügend Respekt eingebleut hat. Na ja, am Einbleuen soll es nicht scheitern.

Meier verfügt über ein hohes Aggressionspotential. Nur hat er es bisher ungenügend genutzt. Es galt in Karrieregestaltungskreisen ja leider jahrelang als unfein, sich den Konkurrenten von Angesicht zu Angesicht vorzunehmen. Man musste den kultivierten Sportsmann raushängen und ihn hinterrücks abmurksen. Das ist nicht Meiers Stil. Er geht frontal vor. Mit Anlauf. Und das hat in seiner bisherigen Laufbahn immer wieder für Naserümpfen gesorgt. So viel ist sicher: Wenn die Aggression schon früher als Karrieretriebfeder salonfähig gewesen wäre, stünde Meier heute ein paar Stufen höher auf der Karriereleiter.

Aber noch ist es nicht zu spät. Er muss nur seine »explizit und implizit negative und destruktive Aggressivität in positive umwandeln«. Also zum Beispiel Barmettler nicht vor der ganzen Abteilung zusammenscheißen mit dem Ziel, ihn zur Schnecke zu machen, sondern Barmettler vor der ganzen Abteilung zusammenscheißen mit dem Ziel, sich selbst auf seinem Weg an die Spitze voranzubringen. Nothing personal.

Das müsste eigentlich zu schaffen sein. Obwohl, bei Barmettler? Vielleicht sollte er mit etwas Leichterem anfangen. Mit Schmidlin. Oder Kleinert. Ja, Kleinert. Mit Kleinert kommt er an sich gut aus. Sofern er überhaupt mit irgendeinem dieser Hohlköpfe und Schmarotzer im Unternehmen auskommt. Mit Kleinert könnte er hinterher sogar noch ein Bier trinken gehen. Das heißt, Kleinert ein Bier und er etwas Teureres. Und dann die Rechnung fifty-fifty. Oder gilt das bereits als auf dem Gegner herumtrampeln? Das sollte er vielleicht noch einmal nachlesen.

Man muss sich die positive Aggression vorstellen wie die Aggression in einem Boxkampf. Da geht es auch nicht darum, den Gegner zu vermöbeln, da geht es darum, Heavy Weight Champion nach Version WBO und WBC zu werden. Dass man dabei dem Mitbewerber um desselben hohen Ideals willen die Fresse poliert, ist nicht der Zweck der Sache, sondern nur eine angenehme Begleiterscheinung.

Ab sofort wird Meier keine Minute mehr darauf verschwenden, Aggressionen abzubauen. Im Gegenteil: Er wird sie sammeln und in den Dienst seiner Karriere stellen. Und sie so im großen Stil in etwas Positives ummünzen.

Gleich morgen wird er sich Kleinert vorknüpfen. Und später, wenn er sich ein wenig sattelfester fühlt, Schmidlin. Und wenn er danach das Gefühl hat, dass er die Sache im Griff hat, wird er sich an Barmettler heranwagen.

Wenn er es schafft, Barmettler nicht in die Eier zu treten, um Barmettler in die Eier zu treten, dann beherrscht er die Hohe Schule der positiven Aggression.

Mehr Bodenhaftung

Vielleicht hat der Mann recht, denkt Weidlinger und legt die Zeitung beiseite. Vielleicht sind wir wirklich etwas abgehoben, vielleicht fehlt uns tatsächlich die Tuchfühlung zu den Mitarbeitern.

Es kommt nicht häufig vor, dass Weidlinger jemandem recht gibt, vor allem nicht, wenn es sich um ein Mitglied des Wirtschaftsestablishments handelt, zu dem er auch sich selbst zählt. Und auch zur Selbstkritik neigt Weidlinger nicht. Denn Selbstkritik, davon ist er überzeugt, ist nichts anderes als eine Einladung zur Kritik durch Dritte und untergräbt dadurch indirekt die Autorität.

Aber an diesem späten Sonntagvormittag am halb abgeräumten Frühstückstisch ist er so milde gestimmt, dass er bereit ist, auch eine Möglichkeit wie diese in Betracht zu ziehen. Vielleicht sind selbst für ihn unter dem Druck der großen Entscheidungen und globalen Strategien die Mitarbeitenden zu unbekannten Wesen geworden. Nicht als Ressourcen, natürlich, aber als Individuen. Dadurch, dass der Unternehmensstratege sich angewöhnen muss, in den ganz großen Kategorien zu denken, entfremdet er sich vielleicht bis zu einem gewissen Grad dem Kleinen, Alltäglichen.

Weidlinger schenkt sich noch einmal Kaffee nach und versucht sich den gewöhnlichen Mitarbeiter vorzustellen. Was tut dieser zum Beispiel gerade jetzt? Sitzt er auch an seinem

Frühstückstisch und blättert in einer Sonntagszeitung? Liest er überhaupt Zeitung? Interessiert ihn das Weltgeschehen, oder betrifft es ihn gar nicht? Trägt er jetzt auch einen Pyjama von Zimmerli und einen englischen Kaschmirmorgenrock? Oder kann er sich das nicht leisten? Bei einem Gehalt von …

Dass er ohne Rücksprache mit Human Resources nicht in der Lage ist, das typische Gehalt des gewöhnlichen Mitarbeiters auch nur hypothetisch zu veranschlagen, gibt ihm zu denken. Wahrscheinlich ist an der These von der mangelnden Bodenhaftung des Topmanagements etwas dran. Weidlinger, ein Mann von raschen Entschlüssen, nimmt sich vor, bei nächster Gelegenheit etwas dagegen zu unternehmen, wenigstens was ihn selbst betrifft.

Gleich am nächsten Morgen nimmt er als Erstes die interne Telefonliste zur Hand, lässt seinen Mont Blanc darüber kreisen und ihn plötzlich ziellos auf einen der Namen herunterstechen. »Moser, Hansjörg«, steht da, »3583«.

Weidlinger wählt ohne Zögern 3583. Nach dreimaligen Klingeln meldet sich eine gereizte Stimme: »Moser.«

»Weidlinger, guten Tag, Herr Moser. Wie, ähm, geht's denn so?«

»Haha. Sehr witzig, Schätti, du Arsch.«

»Wie bitte?«

»Komm, hör auf, Schätti, nicht an einem Scheißmontagmorgen auf leeren Magen.«

»Nein, nein«, sagt Weidlinger gönnerhaft, »hier spricht tatsächlich Weidlinger. Ich wollte nur fragen, wie es so läuft, ob alles, wie sagt man, flutscht bei Ihnen in der, ähm, Dingsabteilung.«

»Ach so, du bist's, Steff. Hab tatsächlich geglaubt, es sei Schätti, der Arsch, mit seiner Weidlingernummer. Aber du hast die Stimme auch ganz gut drauf, Hut ab.«

»Herr, ähm, Moser, hier spricht Weidlinger, es handelt sich um ein ganz normales internes Telefongespräch zwischen zwei Mitarbeitern mit einer gemeinsamen Vision vor Augen. Nicht um einen schlechten Scherz.«

»Scheiße, Steff, hör auf! Mach mich nicht fertig! Das ist ja zum Kotzen ähnlich!«

Weidlinger legt auf und wendet sich wieder den großen Entscheidungen und globalen Strategien zu.

Krisenmanager Guggenbühl

An einem anderen Tag wäre Guggenbühl ganz ruhig geblieben. An einem Tag zum Beispiel, an dem sein mittelgrauer Anzug mit den Doppelbundfalten nicht in der Reinigung gewesen wäre. Zweimal getragen und in der Reinigung! An einem Tag ohne den Satz: »Du musst halt ein Lätzchen anziehen beim Businesslunch, wenn du nicht willst, dass deine Anzüge ständig in die Reinigung müssen.« An einem Tag, an dem die Zeitung nicht von einem Idioten von Austräger so in den Briefkasten gestopft wird, dass der Leitartikel in Fetzen hängt. An einem Tag, an dem an der Wagenstraße keine Absperrung mit dem Schild »Durchfahrt gesperrt, wir bauen für Sie« steht. An einem Tag, an dem auf seinem Platz in der Tiefgarage kein Volvo Kombi parkt mit dem Sticker »Baby an Bord«. An einem ganz normalen Tag wäre Guggenbühl das nicht passiert.

Guggenbühl ist nämlich krisenfest. Nicht nur das: Er weiß auch mit Drittkrisen umzugehen. Guggenbühl ist im Grunde genommen ein Krisenmanager. Man hat es nur noch nicht gemerkt dort oben. Trümpy, sein CEO, vergibt Krisenmanagementaufgaben lieber an externe Berater. Zum zehnfachen Preis. Aber das wird sich ändern. Für das Management der Dakotin-Krise ist er gesetzt, da wird Trümpy nicht drum herumkommen. Diesmal nicht!

Wo waren wir? Genau: Dass das Guggenbühl an einem

anderen Tag nicht passiert wäre. An einem Tag, an dem seine Sekretärin nicht bei einem Einführungskurs für eine Software ist, die sie sowieso nie brauchen wird. An einem Tag, an dem der Getränkeautomat nicht Bouillon Macchiata mit Zucker produziert. An einem Tag, an dem er das Zeug nicht vor Schreck auf sein Keyboard spuckt. An einem Tag, an dem er sich beim Reinigen des Keyboards nicht den Anzug verspritzt. An einem Tag, an dem er beim Entfernen der Flecken nicht den Seifendispenser mit dem Handcremedispenser verwechselt. An einem Tag, an dem er von der Zentrale nicht zu hören bekommt: »Ach, Herr Guggenbühl, könnten Sie die Nummer nicht selber einstellen, ich bin heute allein.«

An einem solchen Tag hätte sich Guggenbühl einfach mit Gempeler verbinden lassen. Hätte einfach gesagt: »Geben Sie mir Gempeler von der Perlag.« Und dann hätte es irgendwann geklingelt, und die Zentrale hätte gesagt: »Herr Gempeler für Sie.«

An einem scheißnormalen Tag hätte er nicht in den Hörer gebellt: »Wenn Ihnen mein Anruf so verdammt wichtig ist, warum beantworten Sie ihn dann nicht? Warum muss ich mir dann endlos die Computerversion von ›What a Wonderful World‹ anhören? Wenn mein Anruf Ihnen tatsächlich so wichtig ist, wie Sie behaupten, warum nehmen Sie ihn nicht einfach entgegen? Warum sagen Sie nicht einfach: ›Perlag, guten Tag, was kann ich für Sie tun?‹ Warum stellen Sie dann nicht einfach genügend Leute ein, die den Hörer abnehmen, sobald das Telefon klingelt?«

An einem Tag wie jedem anderen hätte er nicht in den Hörer gebrüllt: »So, so, mein Anruf ist Ihnen also wichtig, Fräulein Computer! Dann versuchen Sie doch einfach, diese

Scheißmusik abzustellen und mich mit Herrn Gempeler zu verbinden. Er erwartet nämlich meinen wichtigen Anruf. Er verzehrt sich fast nach meinem wichtigen Anruf, Fräulein Computer! Es hängt allerhand ab von meinem wichtigen Anruf, nicht zuletzt für Sie, Fräulein Computer!«

An jedem anderen Tag hätte Guggenbühl nicht in den Hörer gekreischt: »Wissen Sie was? Sie lügen! Mein Anruf ist Ihnen überhaupt nicht wichtig. Mein Anruf ist Ihnen scheißegal, Fräulein Computerschlampe!«

Und Trümpy hätte nicht die ganze Zeit in der Tür gestanden und zugehört.

Probsts Jahresbilanz

Der schwarze BMW E65 hat die matschigen Straßen der Vorstadt hinter sich gelassen und gleitet jetzt fast lautlos an den frischverschneiten Feldern vorbei. Grossmann sitzt am Steuer. Auf der Gehaltsliste wird er als Allrounder geführt, als Mann fürs Praktische. Er erledigt kleinere handwerkliche Aufgaben, macht Botengänge und fungiert als Chauffeur, meistens für Probst.

Dieser sitzt stumm im Fond und schaut in die dämmrige Winterlandschaft hinaus. Aus den Boxen klingt Count Basie's Version von »Blue and Sentimental«. Die Umrisse der Bauernhäuser sind noch gut erkennbar, hinter einigen Fenstern brennt schon Licht. Die Reflektoren an den Straßenpfosten leuchten auf und verlöschen wieder.

Schon wieder ein Jahr, denkt Probst. Eben noch vor mir – und schon vorbei.

Es beginnt wieder zu schneien. Schnelle Flocken fallen auf die warme Windschutzscheibe und schmelzen, noch ehe der träge Scheibenwischer sie erreicht.

Und dabei hatte es so turbulent begonnen, das Jahr. Mit einer Gewinnwarnung für das erste Quartal und einem Kurseinbruch, von dem sich das Unternehmen bis heute nicht erholt hat.

Der Schnee fällt jetzt in dicken, schlappen Flocken. Die Regensensoren am Rückspiegel haben die Frequenz der

Scheibenwischer erhöht. Probst steckt sich einen Zigarillo an.

Gewisse Diversifikationen mögen Fehlentscheidungen gewesen sein, hinterher ist man immer klüger, und wo gearbeitet wird, passieren Fehler. Aber Fehlentscheidungen sind dazu da, korrigiert zu werden. The best excuse is a quick correction. Zwei der drei Neuakquisitionen hat Probst bereits wieder abgestoßen. Und die dritte musste leider liquidiert werden. Etwas hart für die Region (140 Arbeitsplätze), aber nicht ohne Wohlwollen aufgenommen von den Analysten.

Grossmann hüstelt. Asthmatiker oder so, erinnert sich Probst. »Stört Sie doch nicht, der Zigarillo?«, erkundigt sich Probst. Grossmann schüttelt den Kopf.

Sie fahren durch ein Dorf. Ein paar Schaufenster mit Weihnachtsdekoration, Leuchtgirlanden auf dem Kirchturm, Christbäume in einigen Stuben, der Stern von Bethlehem vor der Tankstelle. Probst hat nicht auf den Ortsnamen geachtet, er ist in Gedanken beim vergehenden Jahr.

Das Vierzigsekundeninterview in der Tagesschau zur Schließung der Kastimag. Mit der petrolgrünen Krawatte. Gutes, nicht zu hartes Licht. Und keine Woche später das Interview. Drei Spalten auf Seite eins des Wirtschaftsteils. Mit dem neuen Standardfoto. Hat sich gelohnt, dieses Management-Foto-Update. Nicht ganz billig, aber hat sich gelohnt.

Gilt auch für den neuen Pressemann, Renz oder Benz. Auch sein Handling der Rückrufaktion, ziemlich professionell in Anbetracht des Ausmaßes. Auch wenn die saubere Krisenkommunikation von den Analysten nicht honoriert wurde.

Wenn sie weiter so vorankommen, werden sie rechtzeitig zur Bescherung im Chalet ›Aurora‹ ankommen. Probsts Blick fällt auf das Geschenkpäckchen für Marianne. Er hätte Frau Gerspach fragen sollen, was drin ist.

Die denkwürdige Verwaltungsratssitzung, bei dem das Gremium einstimmig seiner Argumentation zugunsten der leistungs-, gegen die resultatsabhängige Entlohnung folgte. Und die segensreichen Auswirkungen des diesbezüglichen Beschlusses auf sein Gehalt und seinen Bonus.

Probst schließt die Augen und lehnt sich ins Leder des aktiven Komfortsitzes zurück. Doch, alles in allem ein gutes Jahr.

Carstens Integration

Mahlzeit!«

»En Guete. Bei uns sagt man: en Guete.«

»En Gute, dann.«

»Guete. Wir haben da noch ein e nach dem u. Guete. En Guete.«

»En Guete.«

»Na ja, macht nichts, das kommt dann schon noch.«

»Schmeckt prima, das Kartoffelpüree.«

»Stock. Bei uns sagt man Stock. Kartoffelstock.«

Carstens und Rüdisüli essen schweigend ihren gespickten Braten. Der ›Ochsen‹ ist wie jeden Abend um diese Jahreszeit gut besetzt. Als Anni die zweite Portion bringt, zeigt Rüdisüli auf den Kartoffelstock und sagt: »Seeli.«

Carstens schaut ihn fragend an.

»Das in der Mitte, die Bratensauce. Bei uns sagt man Seeli. Ein kleiner See. Das macht man bei uns immer in den Stock.«

»Ach so, ein kleiner See, verstehe. Ein kleiner Saucensee, sozusagen, nett.«

»Die einen machen ihn gleich kaputt, und die andern essen den Stock von den Ufern weg. Beides ist erlaubt.«

»Ich weiß das wirklich zu schätzen, dass Sie mich in die Gepflogenheiten einweihen, Herr Rüdisüli.«

»Nicht ülli – üüli, mit einem langen ü. Es gibt solche mit

einem h nach dem ü und solche ohne. Ich bin einer ohne, aber beide spricht man gleich aus. Mit einem langen zweiten ü.«

»Ach so, Verzeihung.«

»Schon recht.«

»Lief schon ganz gut, für eine erste Sitzung, fand ich, nicht?«

»Na ja.«

»Sind Sie anderer Meinung?«

»Vielleicht ein bisschen forsch. Bei uns geht man es gemächlicher an. Nicht ineffizienter, einfach gemächlicher. Ein paar allgemeine Bemerkungen zuerst. Zum Wetter oder zum Befinden. Einfach für das Atmosphärische, Sie verstehen.«

»Ach so, danke, werde ich mir merken.«

»Und auch nicht Kauer das Wort geben, bevor Stauber etwas gesagt hat. Damit die Kirche im Dorf bleibt.«

»Aber Stauber hat sich doch gar nicht zu Wort gemeldet.«

»Der braucht das nicht. Der wird gefragt.«

»Ich werde versuchen, mich daran zu erinnern.«

»Und Fehr nicht unterbrechen. Der spricht zwar ein bisschen langsam, aber es ist nicht schlecht, was er sagt. Und er feiert in vier Jahren das Zwanzigste.«

»Ach, so lange ist der schon dabei.«

»Vier Wochen Extraferien und ein Upgrade in die First Class für zwei Personen. Langstrecke. Das ist bei uns der Tarif für zwanzig Jahre in Fehrs Hierarchiestufe.«

»Werde ich mir merken.«

»Brauchen Sie nicht. Nur Frau Schober fragen, Ihre Sekretärin. Die weiß das alles auswendig.«

»Die scheint überhaupt gut zu sein. Eine halbe Stunde nach der Sitzung hatte ich schon das Beschlussprotokoll auf dem Tisch.«

»Bei uns macht man Sitzungsprotokolle. Ist nicht so abrupt wie ein Beschlussprotokoll. Und man kann nachlesen, was die Teilnehmer gesagt haben.«

»Nehmen Sie noch eine Nachspeise?«

»Ein Dessert. Bei uns sagt man Dessert.«

»Alles klar. Nehmen Sie also noch ein Dessert?«

»Dessert. Bei uns betont man die erste Silbe.«

»Dessert. Nehmen Sie eines?«

Zu Hause fragt Rüdisülis Frau: »Und? Wie ist er, dein neuer Chef?«

»Wenn der so weitermacht, könnte der schon ein bisschen frischen Wind in den Laden bringen.«

Ohne Tabu

Und?«

»Und was?«

»Zufrieden?«

»Womit?«

»Dem Bonus.«

»Ach so, der.«

»Und?«

»Na ja, kann nicht klagen.«

»Kann oder darf?«

»Kann und darf. Und du?«

»Was?«

»Zufrieden?«

»Ach so.«

»...«

»...«

»Und?«

»Doch doch.«

»Also nicht so ganz?«

»Doch. Aber du nicht?«

»Doch doch.«

»Es ist ja nicht so, dass man es ablehnen würde, wenn es mehr wäre, nicht wahr? So ist es nun auch wieder nicht.«

»Du meinst, es hätte ruhig ein bisschen mehr sein können?«

»Können immer.«

»Und sollen?«

»Wie gesagt: Ich kann nicht klagen.«

»Entspricht also in etwa den Erwartungen.«

»In etwa.«

»Eher darunter?«

»Nein nein.«

»Darüber?«

»Die Erwartungen sind ja kein zuverlässiger Maßstab. Oder liegt er bei dir darüber?«

»Ich versuche, keine Erwartungen zu haben. Dann wird man nicht enttäuscht.«

»Tu ich auch. Obwohl, es gibt ja Erfahrungswerte. Wenn du da darunterliegst …«

»Wenn du darunterliegst, dann schon.«

»Du liegst also nicht darunter?«

»Nein. Du schon?«

»Ich? Nein, das nicht.«

»Aber nicht viel darüber?«

»Was ist viel, was ist wenig? Kommt immer darauf an, wie man rechnet.«

»Wie meinst du das?«

»In Prozenten oder in absoluten Zahlen.«

»Das heißt, in Prozenten ist es nicht so viel, in absoluten Zahlen aber schon?«

»Kommt ja immer auf das Vorjahr an.«

»Dann war es bei dir im Vorjahr in Prozenten viel?«

»Im Vergleich zum Jahr davor, vielleicht.«

»Das war 2004. Im Jahr 2004 war es wenig?«

»Da war es ja für alle nicht gerade üppig.«

»Na ja, 2004, es ging.«

»2004 war für dich üppig?«

»Üppig ist übertrieben.«

»Aber okay?«

»2004 konnte ich nicht klagen. Prozentual.«

»Und absolut?«

»Absolut sprechen wir 2004 natürlich noch in anderen Größenordnungen.«

»In total anderen oder einfach in etwas anderen?«

»Sagen wir: in ziemlich anderen. Bei dir nicht?«

»Doch, natürlich auch.«

»Wenn du 2004 als Maßstab nehmen würdest, wärest du dann mit 2006 zufrieden?«

»Prozentual natürlich nicht.«

»Aber absolut schon?«

»Absolut schon, du nicht?«

»Gemessen an 2004 schon.«

»Ziemlich oder sehr oder total?«

»Etwa in der Mitte zwischen ziemlich und sehr. Und du?«

»Ich in etwa auch.«

»Viele kenne ich nicht, die so offen darüber reden können.«

»Ist halt immer noch ein Tabu, das Finanzielle.«

Ein Lohngespräch

Wenn jetzt, Ende Januar, einer aus dem Middlemanagement einen Termin bei ihm will, dann hat der vor, an seiner Lohnerhöhung rumzumäkeln, da kann Kägi Gift drauf nehmen. So ist es denn auch im Fall von Stricker.

Dem Gespräch ist folgender Dialog zwischen Gaby und Eduard Stricker vorausgegangen:

»Warum profitierst eigentlich du nie von der Ungerechtigkeit?«, hatte Gaby beim Sonntagsbrunch gefragt, als die Kinder nicht mehr am Tisch saßen.

Stricker hatte erstaunt von der Zeitung aufgeschaut. »Welcher Ungerechtigkeit?«

»Ich habe gelesen, dass die Lohnerhöhungen in diesem Jahr insgesamt groß seien, aber ungerecht verteilt. Zugunsten des Managements. Du bist doch auch Management.«

Das konnte Stricker nicht relativieren, denn im engsten Familienkreis galt er als Manager. Es blieb ihm nichts anderes übrig, als zu behaupten, er hätte sowieso vorgehabt, mit Kägi über die Lohnerhöhung zu reden.

Jetzt sitzt er bei diesem im Büro und muss, wie immer in vom Lohnempfänger angeregten Lohngesprächen, den Eröffnungszug machen. Er hat sich in der Vorbereitungsphase für »Ich habe um diesen Termin gebeten, weil ich gerne über meine Lohnerhöhung reden möchte« entschieden. Und da er kein spontaner Redner ist, bleibt er dabei.

Kägi gibt sich erstaunt: »Soll das heißen, Sie sind nicht zufrieden?«

»Nicht zufrieden wäre zu viel gesagt«, rutscht es Stricker heraus, »nur...«

Kägi atmet auf: »Da bin ich aber erleichtert, das ist nämlich eine schöne Lohnerhöhung. Eine sehr schöne sogar.«

Stricker beeilt sich, zu versichern, dass er natürlich keineswegs die Absicht habe, an der Ästhetik seiner Lohnerhöhung zu zweifeln.

»Aber?«, fragt Kägi, während Stricker noch nach Worten sucht.

»Kein Aber, eigentlich. Nur, ich dachte, in Anbetracht der Geschäftslage...«

»Bei der Festlegung der Lohnanpassung wird die Geschäftslage natürlich immer mit einbezogen.« Kägi klingt beinahe etwas beleidigt, als würde Stricker seine beruflichen Fähigkeiten in Zweifel ziehen.

»Das ist mir selbstverständlich absolut klar, ich wollte mit keinem Wort den Eindruck erwecken...«

»Schon gut, ich will nur sichergehen, dass Sie nicht unter dem Eindruck stehen, ich bräuchte Nachhilfestunden, was die Grundlagen meines Berufes angeht.«

Stricker wehrt mit beiden Händen entsetzt ab.

»Ihre Lohnerhöhung, Herr Stricker, ist selbstredend unter Berücksichtigung der Geschäftslage festgelegt worden.«

Stricker drückt mit jeder Faser seines Körpers aus, dass er daran nie auch nur eine Sekunde gezweifelt hat. Nie auch nur eine Hundertstelsekunde.

»Aber«, fährt Kägi fort, »es gibt ja auch noch andere Gesichtspunkte als den Geschäftsgang.«

»Verstehe«, bringt Stricker hervor.

»Gesichtspunkte, die bei der Beurteilung dieser Frage gleich gewichtet werden wie der Geschäftsgang. Mindestens, Herr Stricker, mindestens.«

»Genau«, stottert Stricker, »das ist mir natürlich völlig... das ist ja alles sehr komplex, ich meine...«

»Und gerade unter Einbeziehung dieser anderen Kriterien, Herr Stricker, bleibe ich bei meiner Aussage, dass es sich bei Ihrer Lohnerhöhung um eine wirklich ausgesprochen schöne Lohnerhöhung handelt.«

Als Stricker gegangen ist, ruft Kägi seinen HR Manager an und fragt: »Nur interessehalber – wie viel hat dieser Stricker?«

Braucht es Binder?

Heute wollen wir uns der Frage widmen, wie unentbehrlich Binder ist.

Manfred Binder ist der CEO der GERULAG, übt diese Funktion seit nunmehr fünfeinhalb Jahren aus, ist sechsundfünfzig, hat drei Kinder aus erster Ehe und noch keines aus zweiter, ist auch nicht vorgesehen.

Binders wohnen seit einem knappen halben Jahr in einer vom Fluglärm noch verschont gebliebenen steuergünstigen Gemeinde in Stadtnähe, in einem Haus, das sie sich haben bauen lassen. In den Bauvorgang waren sie beide sehr einbezogen gewesen, bereits in der Planungsphase und dann natürlich vor allem im Endausbau. Binder war gezwungen gewesen, dem Vorhaben Zeit zu opfern, die er eigentlich gar nicht zur Verfügung hatte. Darunter litten natürlich alle Beteiligten – der Architekt, die Handwerker und Binders Präsenz in der GEROLAG. Ein Glück, dass es Frau Künzler gab, seine Assistentin, die – man kann es schon so sagen – die gesamte Baukoordination abgewickelt und praktisch nur noch in den Randstunden Zeit für ihre eigentliche Tätigkeit gefunden hatte.

Nun, das Haus steht, wurde vor zwei Monaten mit einer denkwürdigen Party eingeweiht, mit bewilligtem Feuerwerk (auch Frau Künzler zu verdanken) und allem. Seither steht Binder wieder ganz dem Unternehmen zu Verfügung.

Die GEROLAG gedeiht seither wieder wie in der Zeit davor und übrigens auch wie in derjenigen während der Planungs-, Bau-, Ausbau-, Einrichtungs- und Dekorationsphase. Denn die GEROLAG ist ein gesundes Unternehmen. Ist es zwar schon vor Binders Zeit gewesen, ist es aber immerhin auch während dieser geblieben. Nur, um voreiligen Schlüssen auf seine Entbehrlichkeit vorzubeugen.

Die GEROLAG ist übrigens kein unbedeutender Laden. Das Unternehmen beschäftigt über zweitausend Mitarbeiter, die meisten davon im Inland. Folglich ist auch Binder kein unbedeutender CEO.

Das ist allen klar, den Mitarbeitern, dem Verwaltungsrat, den Aktionären, der Börse, den Medien, seiner Frau und auch Binder selbst. Er wird mit dem entsprechenden Respekt behandelt, beachtet und honoriert. Er bezieht ein Jahresgehalt von etwas über zwei Millionen plus Fringe Benefits plus Boni, im vergangenen Jahr waren das – konjunktur- und kursbedingt – noch mal etwa gleich viel. Was ihm in Anbetracht des Hausbaus keineswegs ungelegen kam.

Binder ist aus der GEROLAG nicht wegzudenken. Kaum eine Ausgabe der Hauszeitschrift, bei der er nicht in der Titelgeschichte vorkommt. Kein Geschäftsbericht, dessen Editorial nicht mit seinem Bild und seiner Unterschrift versehen wäre. Kein Anschlagbrett, an welchem nicht ein Zeitungsausschnitt mit seinem Namen hängt, und sei er noch so klein.

Und so verhält es sich natürlich auch umgekehrt. Auch die GEROLAG ist mit Binder untrennbar verbunden. Auf den Leute-Seiten der einschlägigen Presse ist er nie Manfred Binder, sondern stets Manfred Binder, GEROLAG.

Womit die Frage, ob es ihn braucht, allerdings noch immer nicht schlüssig beantwortet wäre. Schlüssig ließe sich diese nur dadurch beantworten, dass man Binder der GEROLAG entzöge. Ihn einfach von einem Tag auf den anderen spurlos aus der GEROLAG entfernte und wartete, was passieren würde.

Aber selbst wenn nichts passierte, wenn alles seinen gewohnten Gang nähme, wenn es sogar besser ginge, würde das noch nicht bedeuten, dass es Binder nicht braucht. Es wäre lediglich der Beweis dafür, dass der CEO Binder, und mit ihm so mancher CEO, ein Luxus ist.

Und Luxus braucht es.

Toujours l'amour

Kann es sein, dass es am unzeitgemäßen Frühling liegt? Daran, dass mitten im Januar unter den Platanen in den Anlagen bereits ein paar vorwitzige Krokusse die Köpfchen aus der Torfmischung strecken? Meinzer, der immer wieder Frischverliebte, trägt heute sein verklärtestes Lächeln und sein unwiderstehlichstes Eau de Cologne.

Sein blütenweißes Poschettchen ist frisch zurechtgezupft, und auf seinem gut durchbluteten Teint liegt der matte Glanz des Aftershave-Gels.

Die Mitfahrer im Lift nimmt er kaum wahr, sein Kopf steckt in den Wolken. Nur die, die glauben, sein entrücktes Lächeln gelte ihnen, und es erwidern, beschenkt er mit einem angedeuteten Nicken.

In der achten Etage steigt er aus und schlendert durch den langen Korridor wie ein junger Galan durch den Bois de Boulogne, ein tonloses Liedchen auf den Lippen. Es ist ihm, als schwebe er über den schokoladenbraunen Spannteppich. Sein Herz ist so leicht wie ein Luftballon, der ihn durch diesen unvergleichlichen Morgen trägt.

In seinem Vorzimmer sitzt schon Frau Derendinger vor ihrem Bildschirm. Bei seinem Eintreten hebt sie den Blick, erfasst seine Stimmung und lächelt. Ach, die Gute! Am liebsten hätte er sie umarmt und geherzt. Aber er hält an sich, nickt ihr gütig zu und gleitet in sein Büro.

Sein Büro! Die ganze Nacht hat es, gelüftet und aufgeräumt, treu und geduldig darauf gewartet, ihn wieder aufzunehmen, ihm Halt, Geborgenheit und Bedeutung zu verleihen während der acht, neun, zehn oder mehr Stunden, die das Unternehmen seine Gegenwart verlangt.

Werner Meinzer öffnet das Fenster weit und atmet die frühlingshafte Luft des noch jungen Tages. Weit unter ihm streben die Späterkommenden eilig dem Eingang zu. Kann es sein, dass einer von ihnen sich weniger beseligt fühlt als er an diesem geschenkten Frühlingstag? Meinzer fehlt die Phantasie, es sich vorstellen zu können. Er schließt das Fenster, zieht seine Jacke aus, hängt sie an den Bügel im Garderobenschrank und setzt sich voller Vorfreude an den Schreibtisch. Mit ein paar symphonischen Akkorden startet der Computer auf. »Guten Morgen, Werner!«, steht auf dem Bildschirm.

»Auch dir einen herrlichen guten Morgen, lieber PeCe!«, strahlt Meinzer und öffnet voller Tatendrang seine To-do-Liste.

Aber es geht ihm wie allen Verliebten: Er kann sich nicht auf die Arbeit konzentrieren. Immer wieder schweifen seine Gedanken ab, immer wieder ertappt er sich dabei, dass er diesem Gefühl nachspürt, das ihn so süß bis in den letzten Winkel seines Ichs erfüllt.

Bald hält er es nicht mehr aus an seinem Platz. Mit klopfendem Herzen öffnet er den Garderobenschrank und stellt sich vor den Spiegel, der die ganze Innenfläche der Tür ausfüllt. Ist alles noch in Ordnung? Sitzt die Frisur? Hat sich die Krawatte nicht doch ein wenig gelockert? War es wirklich die richtige Wahl, hellgrauer Prince de Galle mit oxfordblauem Hemd und grünblaugelber Clubkrawatte?

Er nimmt den kleinen Kamm aus der Gesäßtasche und korrigiert ein wenig an dem kleinen, widerspenstigen Wirbelchen am Hinterkopf herum, benetzt den Handballen mit der Zunge und versucht die Stelle zu glätten. Vergeblich, wie er aus vielen Jahren Erfahrung weiß. Dann zwinkert er sich nachsichtig zu und steckt den Kamm wieder weg.

Ach, wie schön und unbeschwert kann doch die Liebe sein, wenn man die absolute Gewissheit haben darf, dass sie erwidert wird von dem Menschen, dem diese Liebe gilt.

Im Fall von Werner Meinzer Werner Meinzer.

Happy Hänni

Manchmal ist es schon sehr nützlich, wenn man sich in der Managementliteratur auf dem Laufenden hält, findet Hänni. Sonst hätte er vielleicht nie von der Happyologie erfahren, der Wissenschaft vom Glück.

Bis jetzt hatte er immer geglaubt, das Glück sei etwas, wonach der Mensch strebt, das ihm winkt – erst von weitem, dann von immer näher – und das sich erfüllt in Form von viel Geld, schönen Frauen, schnellen Autos und steilen Karrieren. Er hatte das Glück als Belohnung für Fleiß, strategisches und vernetztes Denken, Entscheidungsfreudigkeit, Urteilskraft, Flexibilität, Belastbarkeit, Teamfähigkeit und regelmäßiges Jogging betrachtet. Und jetzt, Ende vierzig, muss er erfahren: Glück ist nicht die Wirkung von etwas, Glück ist die Ursache!

Okay, okay, auch Hänni hat es nicht auf Anhieb verstanden: Happyologisch gesehen wird man glücklich, indem man glücklich ist. Glück ist nicht ein Endzustand, Glück ist die Summe vieler kleiner Glücksmomente. Und die kann man sich, wie das meiste im Upper Management, gezielt aneignen.

Das geht so: Man muss – auch das für eine Führungskraft nichts Ungewöhnliches – Prioritäten setzen. Auf die Happyologie bezogen heißt das: Mach das Glück zu deiner ersten Priorität. Entscheide dich, glücklich zu sein!

Hänni, dessen Hauptstärke die Entscheidungsfreudigkeit ist, entscheidet sich natürlich blitzartig dafür. Nicht nur aus Egoismus, denn – auch das eine Erkenntnis führender Happyologen – »wer glücklich ist, tut nicht nur sich selbst etwas Gutes, er wirkt auch auf andere anziehend, erfolgreich und schön.«

Man kann sagen, dass dieses altruistische Motiv ausschlaggebend ist. Hänni steht nämlich, was die drei letzten Punkte betrifft, nur beim mittleren – erfolgreich – in der oberen Hälfte der Skala. Bei den beiden anderen besteht bei nüchterner Betrachtung etwas Nachholbedarf. Er beginnt also bereits am nächsten Morgen damit, seine persönliche Glückskompetenz zu erhöhen.

Schon beim Duschen ist er glücklich. Er sagt sich: Ist das nicht herrlich, wie der Massagestrahl meines Duschkopfs das heiße Wasser auf meinen Körper pulsieren lässt? Wie sich das Duschgel auf meiner Haut in wohlriechenden Schaum verwandelt? Wie die Blutzirkulation beim Frottieren stimuliert wird?

Und tatsächlich: Bereits beim glücklichen Kämmen sieht er im beschlagenen Spiegel die nur langsam deutlicher werdenden Umrisse eines schöneren, anziehenderen Gesichts hervortreten. Es funktioniert!

Glücklich fährt er ins Büro. Es ist noch dunkel, als er es erreicht, aber alle Fenster der Firma sind hell erleuchtet. Glücksstrahlend!, fährt es ihm durch den Kopf. So wie er. Aus allen Poren wird er seine kleinen Glücksmomente leuchten lassen, dass sie sich spiegeln in allen, denen er begegnet, auf ihn zurückfallen und ihn in neuem Licht erstrahlen lassen.

Glücklich begibt er sich zum Lift und drückt auf den Knopf mit dem Pfeil, der nach oben zeigt. Dorthin, wo sich sein Gefühl befindet: hoch, hoch oben. Glücklich betritt er sein Büro, glücklich begrüßt er seine Assistentin, glücklich konsultiert er seine Agenda, glücklich trinkt er seinen Espresso, glücklich eröffnet er die Abteilungsleitersitzung, glücklich gibt er die neuen Zielvorgaben bekannt, glücklich schließt er die Sitzung wieder, glücklich verzehrt er seinen Sandwichlunch.

Im ›Pedrini‹ sitzen derweil Glauser und Senn beim Menü zwo ohne Suppe.

»Was wohl Hänni wieder im Schilde führt«, sagt Senn zwischen zwei Bissen. »Der grinst schon den ganzen Vormittag so dreckig.«

Scheiblins Nachlass

Es ist schon spät. In den Gängen ist es still, die Staubsauger und Bohnermaschinen der Putztruppen schweigen. Nur im obersten Stockwerk brennt noch Licht. Frau Kappeler, Scheiblins langjährige Sekretärin, drückt sich mit geröteten Augen im Vorzimmer herum, für den Fall, dass sie noch gebraucht wird. Vor einer halben Stunde hat der Chef nach dem Armagnac verlangt und ihr gesagt, sie solle doch nach Hause gehen, sie kämen hier schon alleine zurecht. Der Chef und alleine zurecht!

Drinnen im Allerheiligsten in der Besuchersitzgruppe sitzen Scheiblin und Reust, sein Nachfolger. Das Büro sieht aus wie die gute Stube eines Fabrikanten aus den sechziger Jahren. Scheiblin hat es beim Umzug vor sechs Jahren aus dem alten Gebäude herausreißen und hier in diesen kantigen Bau aus Glas, Stahl und Beton einbauen lassen. Inklusive Täfelung. »Wenn du das rausreißen willst, Marc, keine Hemmungen. Mach einen Neuanfang, drück dem Raum deinen eigenen Stempel auf, nur zu.«

Marc Reust, zwanzig Jahre jünger als Scheiblin, aber auch schon gegen die fünfzig, winkt ab. »Das ist bestimmt nicht die dringendste Maßnahme.«

Nach kurzem Schweigen kann Scheiblin doch nicht umhin zu fragen: »Was ist denn deiner Meinung nach die dringendste Maßnahme?«

»So, wie du den Laden hinterlässt, Kurt, ist überhaupt keine Maßnahme dringend.«

»Marc, ich weiß, ich habe dir keine Ratschläge zu erteilen –« Reust will protestieren, aber Scheiblin fährt fort: »…doch lass dir von einem alten Mann gesagt sein: Dringend oder nicht, triff Maßnahmen. Egal, welche. Denn die Maßnahme ist ein wunderbares Führungsinstrument.«

Reust, auch er ein alter Hase, nickt wissend. Die beiden blicken schweigend dem Rauch von Scheiblins Romeo y Julieta nach.

»Jetzt hast du es also geschafft, Marc.«

»Nicht zuletzt dank dir, Kurt.«

Scheiblin wehrt ab. »Nein, Marc, dank dir. Nur dank dir. Du hast in deinem Karriereplanning alles richtig gemacht. Hut ab.«

Beide nehmen ein Schlückchen aus den Schwenkern, die sie in der hohlen Hand wärmen.

»Was hast du jetzt vor?«

»Die Verwaltungsratsmandate gebe ich ab. Bis auf die fünf wichtigsten. Und dann das, was ich schon immer machen wollte: mehr Golf, mehr Großwild, mehr Zeit auf der Esmeralda III.«

»Wenn es einer verdient hat, bist es du, Kurt.«

»Weißt du, was das Einschneidendste war in den letzten Jahren?«

Reust schüttelt den Kopf.

»Das radikale Umdenken. Früher konntest du dich voll auf die Karriere konzentrieren. Was der Karriere diente, nützte auch dem Unternehmen. Nach dem Motto: Wenn es dem Manager gutgeht, geht es auch der Firma gut.«

»Tja, da hast du recht, Kurt. Und du – nein, nein, lass mich ausreden –, und du warst einer der großen Pioniere dieses Umdenkungsprozesses. Ohne dich stünden wir nicht da, wo wir heute stehen.«

»Ach, komm, da waren viele andere beteiligt, größere. Ich war nur ein kleiner Fisch. Die Zeit war reif, die Wirtschaftslage schrie förmlich danach.«

»Aber es brauchte Leute wie dich, Kurt, die den Kopf hinhielten, die hinstanden und sagten: Nein, so einfach ist es nicht, dieser Automatismus hat ausgedient. Wenn es dem Manager gutgeht, geht es nicht automatisch auch dem Unternehmen gut.«

Scheiblin nickt bescheiden. »Ja, ja, der Gedanke war schon revolutionär damals: Dem Manager muss es auch gutgehen, wenn es dem Unternehmen schlechtgeht.«

Letzte Worte

»Schon gehört, das ist die letzte Business Class.«

»Welche?«

»Diese hier.«

»Die, in der wir uns gerade befinden?«

»Genau.«

»Wahnsinn! Und wir drin! In der letzten Business Class! Stell dir vor: Du und ich bestreiten die letzte Business Class! Nach fünfzehn Jahren! Was glaubst du, wie viele das lesen!«

»Schon ein paar.«

»Eben. Da müsste man doch noch etwas von Belang sagen. Da kann man doch nicht einfach so vor sich hin plappern.«

»Bitte, niemand hindert dich.«

»Ich überlege ja.«

»Und?«

»Das ist nicht so einfach, auf die Schnelle, etwas von Belang.«

»Nimm dir Zeit.«

»Zeit! Der Wochenend-Kolumnenleser hat keine Zeit. Der liest die Kolumne und isst ein Croissant dazu, und wenn er den letzten Bissen runtergeschluckt hat, blättert er weiter.«

»Dann müsste es jetzt aber langsam kommen, das von Belang.«

»Du machst mich nervös.«

»Sorry, bin schon still.«

»…«

»…«

»Kannst du bitte woanders hinschauen?«

»…«

»Danke.«

»Nimmst du auch noch einen?«

»Eigentlich habe ich Evelyne gesagt, ich sei zum Essen zu Hause. Aber da wusste ich noch nicht, dass ich in der letzten Business Class drin bin.«

»Charly, noch mal das Gleiche!«

»Aber ohne Mandeln. Sag ihm, er soll keine Mandeln bringen.«

»Ich will aber Mandeln. Du brauchst ja keine zu essen.«

»Wenn sie hier stehen, esse ich sie.«

»Ich weiß. Von den letzten hast du mir zwei Stück übriggelassen. Ganze zwei Stück!«

»Sag ich ja. Deswegen will ich keine mehr.«

»Und deswegen will ich welche.«

»Zwei Stück, bist du sicher?«

»Und ob.«

»Sorry.«

»Schon gut.«

»Wie viele, glaubst du, sind in so einem Schälchen?«

»Zwanzig.«

»Weißt du das, oder schätzt du das?«

»Erfahrungswert.«

»Ich habe doch keine achtzehn Salzmandeln gegessen! Nie im Leben!«

»Dann vielleicht sechzehn.«

»Ich darf aber keine Salzmandeln.«

»Aber Campari Orange darfst du?«

»Auch nicht. Mit sechzehn Salzmandeln schon gar nicht.«

»Vom Arzt aus?«

»Freiwillig. Diät.«

»Was für eine?«

»Nichts Besonderes. FDH. Friss die Hälfte.«

»Dann ist ja alles okay. Du isst keine vom zweiten Schälchen, und schon bist du auf der Hälfte. – Danke, Charly.«

»Cin cin! Auf die letzte Business Class.«

»Cheers. Auf die letzte. Ich dachte, du isst keine vom zweiten Schälchen.«

»Ich ess sie nicht, ich zähl sie nur.«

»Und ich soll sie nachher essen?«

»Sorry. Siebzehn. Siehst du, nicht zwanzig. Mit deinen zwei waren das fünfzehn. Wo waren wir? Ach ja: Jetzt gibt es also die Business Class nicht mehr.«

»Unsinn, die Business Class bleibt. Nur die Kolumne gibt es nicht mehr.«

Die Diogenes Hörbücher
zu den Business-Class-Geschichten

Martin Suter
Business Class
Geschichten aus der Welt
des Managements

Live-Autorenlesung im
Casino-Theater Winterthur
aus den *Business Class*-Bänden

1 CD, Spieldauer 56 Min.

Martin Suter
Unter dem Strich
und andere Geschichten
aus der Business Class

Live-Autorenlesung im
Casino-Theater Winterthur
aus den *Business Class*-Bänden

1 CD, Spieldauer 77 Min.

Martin Suter
im Diogenes Verlag

»Martin Suter erreicht mit seinen Romanen ein Riesenpublikum. Er schreibt aufregende, gut und nahezu filmisch gebaute Geschichten; er fängt seine Leser mit schlanken, raffinierten Plots.«
Wolfgang Höbel / Der Spiegel, Hamburg

Small World
Roman
Auch als Diogenes Hörbuch erschienen, gelesen von Dietmar Mues

Die dunkle Seite des Mondes
Roman

Business Class
Geschichten aus der Welt des Managements

Ein perfekter Freund
Roman

Business Class
Neue Geschichten aus der Welt des Managements

Lila, Lila
Roman
Auch als Diogenes Hörbuch erschienen, gelesen von Daniel Brühl

Richtig leben mit Geri Weibel
Sämtliche Folgen

Huber spannt aus
und andere Geschichten aus der Business Class

Der Teufel von Mailand
Roman
Auch als Diogenes Hörbuch erschienen, gelesen von Julia Fischer

Unter Freunden
und andere Geschichten aus der Business Class

Der letzte Weynfeldt
Roman
Auch als Diogenes Hörbuch erschienen, gelesen von Gert Heidenreich

Das Bonus-Geheimnis
und andere Geschichten aus der Business Class

Der Koch
Roman
Auch als Diogenes Hörbuch erschienen, gelesen von Heikko Deutschmann

Allmen und die Libellen
Roman
Auch als Diogenes Hörbuch erschienen, gelesen von Gert Heidenreich

Außerdem erschienen:

Business Class
Geschichten aus der Welt des Managements
Diogenes Hörbuch, 1 CD, live gelesen von Martin Suter

Unter dem Strich
und andere Geschichten aus der Business Class
Diogenes Hörbuch, 1 CD, live gelesen von Martin Suter

Martin Suter
Der Koch
Roman

Maravan, 33, tamilischer Asylbewerber, arbeitet als Hilfskraft in einem Zürcher Sternelokal, tief unter seinem Niveau. Denn Maravan ist ein begnadeter, leidenschaftlicher Koch. In Sri Lanka hatte ihn seine Großtante in die Kochkunst eingeweiht, nicht zuletzt in die Geheimnisse der aphrodisischen Küche. Als er gefeuert wird, ermutigt ihn seine Kollegin Andrea zu einem Deal der besonderen Art: einem gemeinsamen Catering für Liebesmenüs. Anfangs kochen sie für Paare, die eine Sexualtherapeutin vermittelt. Doch der Erfolg von *Love Food* spricht sich herum, und eine viel zahlungskräftigere Klientel bekundet Interesse: Männer aus Politik und Wirtschaft – und deren Grauzonen. Maravan hat Sorge, das Geschäft könne »unanständig« werden. Und das wird es. Doch er benötigt das Geld dringend, um seine Familie in Sri Lanka am Leben zu erhalten.

»Martin Suters Roman *Der Koch* ist Wirtschaftskrimi, erotisches Kochbuch und Globalisierungsreport – wenn das kein Erfolgsrezept ist! Dabei legt der maskierte Moralist seine Erzählfäden mit so beiläufiger Eleganz aus, dass sich in einer gleichermaßen überraschenden und genialen Volte die Schlinge wie von selbst zusammenzieht.«
Christopher Schmidt / Süddeutsche Zeitung, München

Auch als Diogenes Hörbuch erschienen,
gelesen von Heikko Deutschmann

Amélie Nothomb
Mit Staunen und Zittern
Roman. Aus dem Französischen von
Wolfgang Krege

Sie hat es sich selbst eingebrockt: Aus Übermut und Neugier hat Amélie eine Stelle beim japanischen Unternehmen Yumimoto angenommen. Dort lernt sie zwar nichts über Buchhaltung, dafür wird ihr ein Crash-Kurs in Sachen Hierarchie erteilt. Eines ist von Anfang an klar: Eine Frau, zumal eine aus Europa, kann nur ganz unten einsteigen. Und noch tiefer fallen.

»Eine provokante Sittenstudie, eine bitterböse Japan-Satire mit autobiographischem Touch.«
Stefanie Schild/Abendzeitung, München

»Nicht politisch korrekte Verständigungsliteratur zwischen zwei Kulturen, sondern ein lustvoller Extremismus, bis zu dem Punkt getrieben, wo Leiden in Lachen umkippt.« *Martin Ebel/Neue Zürcher Zeitung*

»Das scharfsichtige Buch legt die Mechanismen eines hierarchischen Systems frei, das eine Satire auf sich selbst sein könnte – würde man nicht mit Grauen, Staunen und Zittern ahnen, daß uns die Autorin nicht Japan vorführt, sondern ein global anzutreffendes Zerrbild menschlicher Verhaltensweisen.«
Martin Amanshauser/Der Standard, Wien

»Mit Klarsicht, Humor und mit furchterregender Intelligenz entlarvt diese talentierte Autorin die Absurdität unseres Wirtschaftssystems. Ein Leckerbissen!«
Le Monde, Paris

Amélie Nothomb wurde für ihren Roman *Mit Staunen und Zittern* mit dem ›Grand Prix de l'Académie française‹ ausgezeichnet.

Rolf Dobelli im Diogenes Verlag

Rolf Dobelli, geboren 1966 in Luzern, studierte an der Universität St. Gallen Betriebswirtschaft und wurde dort promoviert. Er war mehrere Jahre lang Finanzchef und CEO verschiedener Tochterfirmen des Swissair-Konzerns und lebte in Australien, Hongkong, England und in den USA. 1998 gründete er zusammen mit Freunden eine eigene Firma, getAbstract, den mittlerweile größten Anbieter von Buchzusammenfassungen weltweit. Rolf Dobelli wohnt und arbeitet in Miami und Luzern.

»Dobelli hat das Lebensgefühl einer Generation in Literatur verwandelt.«
Isabell Teuwsen / Schweizer Illustrierte, Zürich

»Dass er gelernt hat, auf den Punkt genau zu formulieren, merkt man Dobellis Romanen an – dichter kann ein Text kaum sein.«
Brigitte Schmitz-Kunkel / Kölner Rundschau

»Rolf Dobelli ist der Spezialist für exakte Analysen biographischer Brüche.«
Christiane Florin / Rheinischer Merkur, Bonn

Fünfunddreißig
Eine Midlife-Story

Himmelreich
Roman

Wer bin ich?
777 indiskrete Fragen

Turbulenzen
777 bodenlose Gedanken

Massimo Marini
Roman